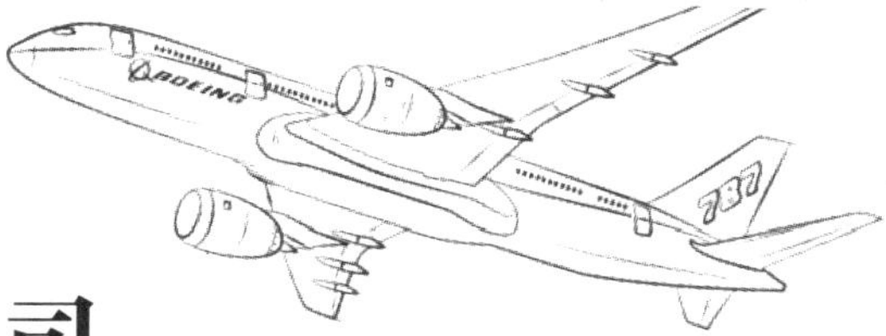

航空公司运行安全管理

罗凤娥　骆 晨　孙立新◎编著

西南交通大学出版社
·成　都·

图书在版编目（CIP）数据

航空公司运行安全管理 / 罗凤娥，骆晨，孙立新编著. —成都：西南交通大学出版社，2020.11（2023.7 重印）
ISBN 978-7-5643-7835-6

Ⅰ. ①航… Ⅱ. ①罗… ②骆… ③孙… Ⅲ. ①航空公司－企业管理－安全管理－研究 Ⅳ. ①F560.6

中国版本图书馆 CIP 数据核字（2020）第 230328 号

Hangkong Gongsi Yunxing Anquan Guanli
航空公司运行安全管理

罗凤娥　骆　晨　孙立新　**编著**

责任编辑	周　杨
封面设计	原谋书装
出版发行	西南交通大学出版社 （四川省成都市金牛区二环路北一段 111 号 西南交通大学创新大厦 21 楼）
发行部电话	028-87600564　028-87600533
邮政编码	610031
网　　址	http://www.xnjdcbs.com
印　　刷	成都蜀通印务有限责任公司
成品尺寸	170 mm × 230 mm
印　　张	11
字　　数	157 千
版　　次	2020 年 11 月第 1 版
印　　次	2023 年 7 月第 2 次
书　　号	ISBN 978-7-5643-7835-6
定　　价	58.00 元

前 言

自改革开放以来，我国民航业快速发展，以其安全、快捷、舒适的优势确立了独特的产业地位。民航不仅是现代综合交通运输体系的重要组成部分，也是国民经济的重要组成部分，因此航空公司运行安全管理越发需要得到重视。

我国正处于从民航大国向民航强国转变的过程，新形势下的航空公司安全运行管理区别于传统的管理方式，管理角度应更具科学性和合理性，管理方式更具有人文性和创新性。航空公司运行安全管理是基于航空公司大系统、全控制、严制度、深人文、可反馈的多层次、横跨越的全寿命周期的安全，涵盖航空公司运行过程中的人为因素、飞行品质、企业安全文化、企业管理系统架构、企业控制系统架构等方面。

本书结合最新民航规章的要求，以系统论和控制论为出发点，涵盖了保证航空公司运行安全有关的关键理论剖析以及技术手段分析，可为航空公司运行安全管理的政策制定提供参考。本书可作为航空交通运输专业本科生、研究生的相关参考资料。

本书编写过程中参考了大量的文献资料，在此谨向这些著作及资料的作者致以诚挚的谢意！同时在此也感谢参与本书编审的研究生团队。

由于编者水平有限，错漏之处在所难免，敬请专家和读者批评指正。

编 者

2020 年 8 月

目录

第一章
航空公司安全管理导论

对于民航而言，保证安全是首要准则，这是其发展程度的重要标准，也是其赖以生存的基础性条件。安全事故会使旅客的生命财产受到损失，更会影响旅客对民航业的信任。随着民航业的快速发展，我国的航空运输进入了一个新的发展阶段，既是机遇，也带来了严峻的挑战。航空安全已经成为当前社会关注的热点，也是我国乃至国际民航业关注的核心。

第一节　航空公司安全管理

一、航空安全管理的相关概念

在了解航空安全管理的内涵之前，我们有必要解释一下关于“安全（Safety）”一词的概念。事实上，各个领域对安全的解读不同，在韦氏在线词典中安全是远离威胁，没有伤害或者没有损失。结合实际情况，关于安全的概念界定中，国际民航组织给出的定义准确度是最高的。国际民航组织将“安全（Safety）”定义为：安全是一种状态，即通过持续的危险源识别，对安全风险进行有效的管理，尽可能降低人身或财产可能遭遇的损害，尽可能将损失降低到能接受的程度内。根据该定义可以认为，安全是一种特殊的状态，风险不能减少为零，而是降低到一个可接受的水平。这个定义也诠释了安全是一个过程，就是识别危险源和管理风险的过程。对于安全相关的专业人员来说，安全这个词包含了对整个系统的持续监控和评价，要求做好主动监控，关口前移，提前预防。安全的概念是系统而复杂的，航空安全需要专业化、科学化的理论支撑，在量化的基础上进行管控，才能发挥风险管理和安全绩效真正的实际效用。

航空安全（Aviation Safety）是指民用航空安全生产运行系统处于一种无危险状态，对人员伤害和财产损失控制在可接受水平或更低的状态，具体包括飞行安全（Flight Safety）、客舱安全（Cabin Safety）、机坪安全（Ramp Safety）、维修安全（Maintenance Safety）、机场安全（Airport Safety）等多个方面。目前民航界多采用事故、事故征候、航空事故征候万时率等航空器运行安全事件作为衡量一个国家或地区民用航空安全的主要指标。对航空安全具体有以下几种理解：

（1）零事故或严重事故征候，这是社会公众特别是旅客普遍持有的看法；

（2）免于危险，即消除导致或者可能导致伤害的那些因素；

（3）航空组织员工对不安全行为和条件的态度；

（4）员工避免差错和遵守规章。

航空安全管理（Aviation Safety Management）是以预警管理理论为指导，在管理层面通过综合运用安全科学、人素科学、灾害科学、复杂系统科学等学科领域的最新成果，对航空安全影响因素和航空事故的可控制诱因进行监测、识别和预防控制的一种管理制度和手段，旨在防止和纠正航空事故和事故诱因的产生和发展，预防和减少航空运输事故造成的有形和无形的危害，保持民航运输处于健康有序的安全状态[1]。

二、航空公司安全管理发展历程

纵观航空公司安全管理的发展历史，大致经历了技术阶段、人为因素阶段、组织因素阶段和全系统阶段四个发展阶段。

1. 技术阶段

从20世纪初到20世纪60年代末，飞行事故主要是由于机械因素和不安全飞行规章制度两方面原因造成的。而航空安全缺陷又与技术因素和技术故障相关，民航安全管理的特点是对机械设备等硬件进行改进。

因此，安全方面的努力集中体现在技术因素（如航空器）的调查和改进上，基于事故识别、分析飞行器的缺陷，并努力建章立制以防止事故再次发生。随着新工艺、新技术、新材料的应用，硬件设备可靠性大幅提高，各项规章制度不断健全，由此造成的航空事故率也逐步降低。到20世纪50年代，由于技术的提高和改进，航空事故率逐渐降低，安全管理逐步从技术改进扩展到遵守规章与监督方法等方面。

2. 人为因素阶段

从20世纪70年代初开始，由于技术的不断进步和规章的逐步完善，航空事故率大大降低，技术因素已逐步降低到 20%～30%，然而由于人为因素造成的航空事故所占比例却上升到了 70%～80%。因此，航空安全的工作重点扩展到了人的因素方面，当时航空安全管理的工作重心也逐渐从加强技术转移到改进人机界面、建立人员培训体制、完善各种规章和程序上，以此优化机组管理（CRM），营造良好的安全文化。尽管在减少差错方面投入了不少资源，但人的因素仍然是事故中的常见因素。当时，人的因素倾向于关注个人，并没有充分考虑操作和组织环境的影响。

3. 组织因素阶段

在20世纪90年代中期，人们开始从系统的视角审视安全，包含组织机构的因素以及人的因素和技术因素三方面，因此引入了“组织机构性事故”的观念。即综合考虑了组织机构文化和政策对安全风险控制措施的有效性影响，进一步提升了航空安全分析能力和安全管理水平。另外，使用被动和主动的方法进行日常安全数据收集与分析，使组织机构能够监测已知的安全风险并发现新出现的安全隐患。因此，该阶段，航空安全管理的特点是研究组织和管理因素对航空事故的影响。特别是20世纪90年代以后，虽然飞行事故率保持在低水平的 0.7～1.2 百万飞行小时之间，并呈现稳定趋势。但随着世界航空运输量的高速增长，飞机事故的绝对数量仍会增加，航空安全管理水平仍需进一步加强。

4. 全系统阶段

从21世纪初开始，许多国家和服务提供者已经采纳了过去的安全做法，并且安全成熟度发展到更高水平。民航行业内部已经形成了具有完善的运行规章、政府监管和企业运行规范的运行体系。应用完善的规章和规范，使得航空事故发生水平处于一个较低的水平。如今，很多国家已经开始实施国家安全方案或安全管理体系(Safety Management System, SMS)，并获得了安全效益。

民航“十三五”规划中强调，中国民航发展依旧面临众多挑战，其中资源存量不足与需求增量剧增构成了民航发展的两大重要挑战，航空安全基础不牢，航空安全和空防压力持续增大。迄今为止，航空安全管理中主要注重于个人安全绩效和局部控制，很少考虑整个航空系统的更广泛环境，这导致人们越来越认识到航空系统的复杂性以及不同组织机构在航空安全中应负有的责任。有许多事故和事故征候的例子表明，组织机构之间的接口导致了负面结果。并且，无论法规体系如何健全，规章管理方式依旧会遇到一些难以逾越的障碍，仍不能涵盖民航安全方方面面，而对于由此造成的安全问题或隐患，管理人员基于法规的管理也显得无所适从。因此，在航班量迅速增大，空域环境日益紧张的情况下，不断加强航空公司安全管理依旧是一项艰巨而迫切的任务。

第二节　民航安全管理体系（SMS）

目前，虽然我国民航安全管理水平已处于领先地位，但航空运输总量持续高速增长，国家和社会公众对航空公司安全期望日益增长，我国民航安全管理工作依旧面临巨大压力。为此，中国民航局正积极推进安全管理体系的建设。安全管理体系是世界航空运输界面对安全管理形势提出的一种全新的管理模式，是航空安全管理发展的最新成果。民航局作为行业安全主管部门，通过实施安全管理体系，引导航空业优化和完善安全运行管理系统机制，规范运行，提高管理效能，保证持续安全。

一、民航 SMS 的产生背景

20 世纪 90 年代后期，世界经济迅猛发展，运输量增长的加速度越来越大，飞机数量、航班架次快速增长，民航重大飞行事故率相对平稳，每年航空事故随着运输量逐渐增长。国际民航组织（ICAO）基于当时预期的机队增长，预测世界民航到 2015 年将会有 41.2 架飞机“失事”。专家计算后发现“即使事故率保持当时的‘低’水平，到 2015 年，每 7 ~ 10 天可能出现一次大型飞机坠毁”。此后 ICAO 开始了对事故率“平稳”的根本原因的探究，重新审视传统安全管理的模式和方法。同期，世界各国的民航企业和民航管理当局也以各种的方式开始了对新形势下民航安全管理模式的探索。

SMS 在航空领域的应用最早始于加拿大，1998 年加拿大运输部在《飞行 2005：加拿大民航安全工作框架》中宣布将在航空组织中实施 SMS。经过大量专家与曼彻斯特大学的 James Reason 教授的潜心研究，并借鉴了澳大利亚民航安全局的经验和资料，开发并形成了加拿大 SMS 方案。从 2000 年开始加拿大运输部着手制定法规方面的建议修正案公告（NPA），并对其民航规章进行了修订。2001 年编写了指导文件《SMS 介绍》，对 SMS 的概念、特点及建立的必要性等进行了概述。2002 年编写了《飞行运行和航空器维修组织的安全管理体系》，介绍了航空公司和维修单位的 SMS。2003 年编写了《通用航空营运人的 SMS 实施实践指南》。与此同时，加拿大运输部还与 ICAO 和各国民航局（包括美国、英国、澳大利亚等）合作，促进全球民航业对 SMS 的一致理解。

基于加拿大等国的航空实践，ICAO 从 2003 年开始陆续颁布要求缔约国建立 SMS 的文件。2006 年，ICAO 通过对国际民航公约附件 6、11 和 14 的修订，向各国提出了实施 SMS 的要求。同年，ICAO 发布了《安全管理手册》（Doc9859）的第一版，系统地介绍了民航安全管理的基本理念和基本方法，重点介绍了 SMS 的各个要素以及航空公司、空管、机场和维修单位建设 SMS 的基本思路。

2008 年，ICAO 再次对国际民航公约附件 1、6、8、11、13、14 和 18 进行修订，对各国实施 SMS 和国家安全方案（SSP）提出更为具体的框架要求。

2009 年，为进一步推进各国的 SMS 和 SSP 建设，ICAO 发布了《安全管理手册》的第二版。

2010 年 4 月，ICAO 高级别安全大会（HLSC/2010）决议通过制定一个新附件，旨在强化规章的基础作用，以此推动管理创新以及管理效能提高。

2012 年 2 月，ICAO 安全管理专家组开始编制国际民航公约附件 19《安全管理》，并于 2013 年 11 月正式发布实施。附件 19 要求各国从规章层面完善管理制度，制定与其航空活动规模和复杂性相一致的 SSP，建立和实施有效的 SMS 和安全监管制度，以保证民用航空安全绩效达到可接受的安全水平，同时，附件 19 明确提出了航空器型号设计和制造单位建立 SMS 的要求。

2013 年，ICAO 发布了《安全管理手册》第三版，系统地提出了 SMS 体系建设的具体要求。

2016 年 3 月，ICAO 发布了国际民航公约附件 19 修正案，扩展了适用范围，并要求航空器型号设计和制造单位的安全管理体系必须由设计国或制造国接受。

2018 年 4 月，ICAO 发布了《安全管理手册》第四版，根据附件 19 修正案进行了修改，引入了综合风险管理的概念，强调 SMS 与 QMS 及 SMS 各要素之间的关联性。

二、民航 SMS 在中国的发展

我国 2002 年体制改革后，在民航运输量快速增长、民航事故率居高不下的双重压力下，从 2004 年也开始探索安全管理的新机制。在对加拿大民航局、FAA 等大量调研后，中国民用航空总局于 2005 年成立了 SMS 领导小组和办公室，在“十一五民航安全规划”中明确提出建立适合中国国情并符合国际民航组织要求的中国民航 SMS，将“航空安全管理体系（SMS）建设工程”列入“规划实施的重大项目”中的第一项开始建设。

2006 年，中国民航局设立 6 个专业组，以航安办负责总体协调，整合各方力量,深入研究ICAO有关SMS的内涵和要求,向全民航宣传SMS的理念，编写SMS差异指南材料和指导手册，开展相关培训。

2007年3月，中国民航局颁发了《关于中国民航实施安全管理体系建设的通知》，在全行业进行SMS总体框架、系统要素和实施指南等相关知识的培训，同时，于10月份印发了《中国民航安全管理体系建设总体实施方案》。

2008年，全国民航工作会上进一步明确：2008年是SMS“全面实施年”，要求航空公司重点抓好安全质量管理系统、主动报告机制、飞行数据译码分析系统和风险评估系统的建设。

2008—2009年，中国民航局陆续发布针对机场、空管、运营人和维修单位的安全管理体系建设指导文件。

2015年，中国民航局依据国际民航公约附件19《安全管理》制定并发布了《中国民航航空安全方案》，同时，着手起草专门涉及安全管理职责及过程的规章——《民用航空安全管理规定》（CCAR-398）。

2018年3月，CCAR-398正式批准实施，SMS正式成为包括航空器设计和制造单位在内的民航生产经营单位的强制要求。

至此，SMS在中国已覆盖航空器设计、制造、机场、空管、运营人和维修单位等生产经营单位，几乎全产业链均需建立SMS。随着SMS的深化发展和不断推进，中国民航整体的安全管理水平将持续提升，为实现民航强国的目标打下坚实的基础。

三、民航SMS的框架和内容

安全管理体系是运用系统管理的方法来管理安全，强调风险管理，对安全工作实施闭环管理，通过安全文化建设，从而实现安全管理。根据中国民航局的有关咨询通告，目前民航SMS按功能分为政策、风险管理、安全保证和安全促进等部分，其关系如图1-1所示。

国际民航组织从2006—2018年连续四次颁布Doc9859号文件《安全管理手册》（Safety Management Manual，SMM），系统地提出了安全管理体系的具体建设要求。为了提升全民航的安全水平，中国民用航空局通过制定《中国民用航空安全管理体系建设总体实施方案》（民航发〔2007〕136号），要求民航生产经营单位实施SMS的建设；同时，在《民用航空安全管理规定》（CCAR-398）中规定了SMS建设的最低要求。聚焦SMS建设需求，可参考熊升华“《民航安全管理》课程教学模式改革与探索”一文，本书给出如图1-2所示的民航安全管理课程体系框架。

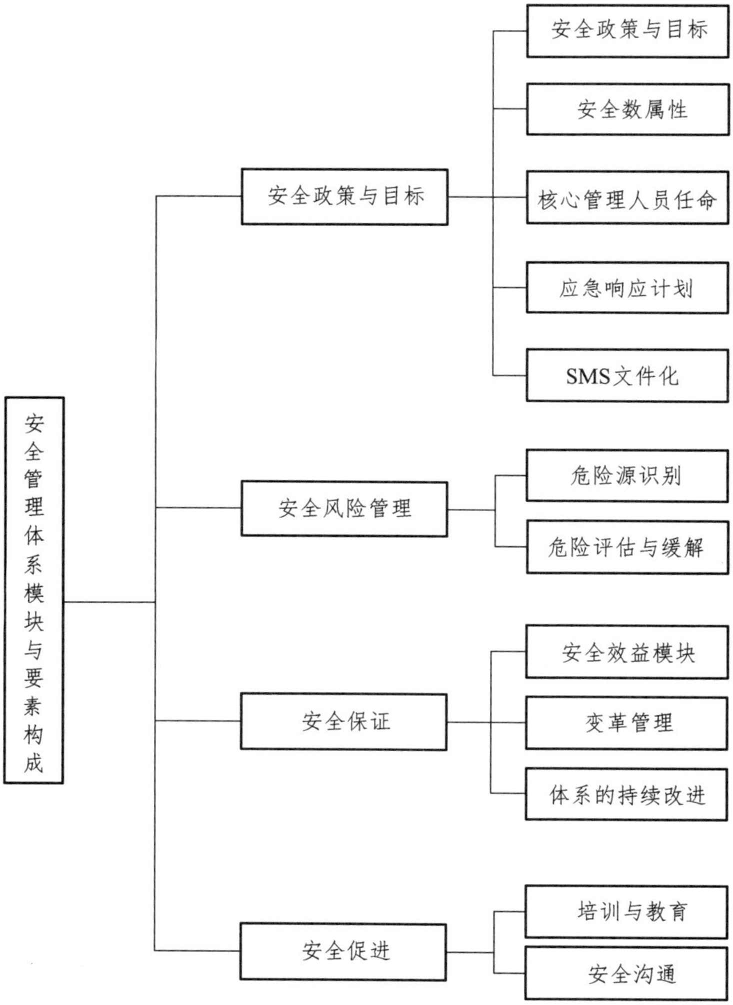

图1-1　SMS模块与要素组成

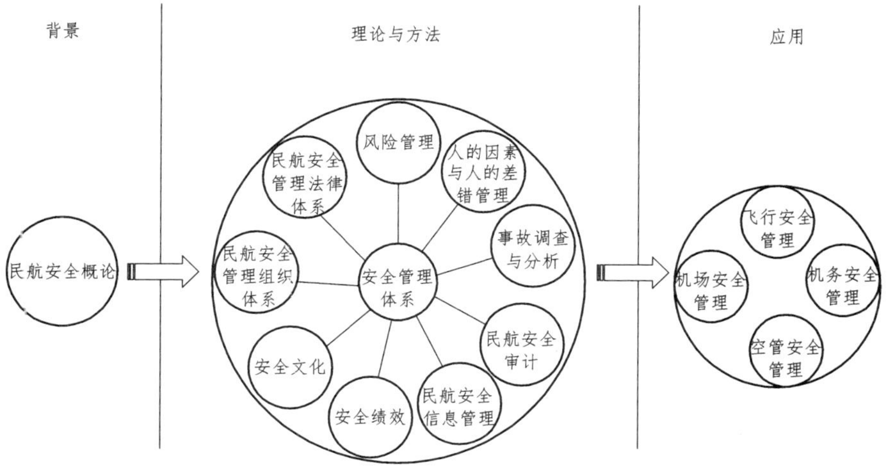

图 1-2　民航安全管理课程体系框架

四、民航 SMS 的内涵

安全管理体系（SMS）是运用系统管理的方法对安全实施管理，特别注重风险管理，强调对运行安全状态实施闭环反馈控制，着力开展安全文化建设，最终实现安全关口前移，确保持续可靠的安全目标。

1. SMS 的哲学内涵

人类历史的进程，包含着人类安全哲学、人类安全生产的认识论和方法论的发展和进步。战国政治家荀况在总结军事和政治方法论时，曾总结出“先其未然谓之防，发而止之谓之救，行而责之谓之戒，防为上，救次之，戒为下”，将之用于安全生产的事故预防上，也是精辟的方法论。现代社会的安全哲学观念体现在如下四个方面：

（1）“安全第一”的哲学观。

“安全第一”是一个相对、辩证的概念，是在人类活动的方式上相对于其他方式或手段而言的。“安全第一”是在社会可接受程度下的“安全第一”是在条件允许情况下尽力做到的“安全第一”。企业要认识自己的安全责任，把法律和国家监管的政策作为尺度，充分衡量安全环保、职业健康和产品品质、成本效益等多种要素，确保风险“可控制之下”的

“安全第一”。

（2）“重视生命”的情感观。

安全维系人的生命安全与健康，生命只有一次，健康是人生之本，充分认识人的生命与健康的价值，强化“善待生命，珍惜健康”之理，是我们社会每一个人应该建立的情感观，以人为本，尊重与爱护职工是企业法人代表或雇主应有的情感观。

（3）“安全效益”的经济观。

实现安全生产，保护职工的生命安全与健康，不仅是企业的工作责任和任务，而且是保障生产顺利进行、企业效益充分实现的基本条件，安全就是效益，安全不仅能减损而且能增值，这是企业法人代表应建立的安全效益观。

（4）“预防为主”的科学观。

要高效、高质量地实现企业的安全生产，必须走预防为主的道路，必须采用超前管理、预期型管理的方法，这是被无数生产实践所证实的科学真理，预防为主的科学观是实现系统（工业生产）本质安全化的必由之路。

2. SMS 的“四大支柱”

安全管理体系包括安全政策、安全保证、安全促进、风险管理四大基本构成要素，并以风险管理为核心。这四个组成部分又称为安全管理体系的“四大支柱”。

（1）安全政策。

安全政策反映了运营人的安全管理理念以及对安全的承诺，是建立安全管理体系的基础，并为建设积极的安全文化提供了清晰的导向。最高层的运营人应该确定安全政策，安全政策要反映出组织中的安全策略意义和组织的安全价值。安全政策是一种承诺，包括构建和运行 SMS 体系的承诺，以及持续改进和提高安全管理水平的承诺。安全管理体系采用质量管理的原则，系统管理的要求，明确了在这个体系中的角色、责任和关系，监督和被监督的子系统之间的职责、权利需要明确。在与安全相关的活动中，成功的一个重要因素就是高层管理人员和物质资源的参与，而安全管理体系的重要特征之一就是在这方面划定界限时的绝对清晰。组织内的所有成员都必须清楚明白自己肩负的安全责任，但是系统性的安全责任必须由最高层成员承担，把安全目标列入战略计划，定期进行管理评审。安全政策的程序化管理方面需要包括所有运行部门的程序文件、培训要求、过程管控等要素。

（2）安全保证。

安全保证功能运用质量保证技术（包括内部审核、外部审核、调查和评估等）判断，涉及运行中的风险控制，是否在被实施并按计划运行，以确保设计后的风险控制过程与要求持续符合，并在保持风险处于可接受水平内持续有效。安全保证包括信息获取、信息分析、系统评价、预防与纠正措施等环节。航空安全管理通过建立安全保证功能，可以实现企业内运行安全的闭环管理，以确保制定的风险控制措施持续符合要求。

（3）安全促进。

安全促进是安全管理体系的一些“软文化”。安全促进包括：安全文化建设、安全管理体系培训、安全培训、安全宣传、安全教育、安全信息发布、安全管理沟通等环节。建立良好的安全文化氛围，让每个员工自愿地、积极地参与到安全管理中，通过安全观念文化、人的行为文化、哲学文化、思维文化、制度文化等优化人的安全观念，提高人的安全行为水平。

（4）风险管理。

在 FAA 和 ICAO 的文件中，风险的解释为“由不期望发生的事件导致后果的可能性，包含了事件发生的可能性和严重性”。风险管理是 SMS 体系的核心，是量化风险以及改善策略来进行安全管理的过程。风险管理过程常用于分析运营人的运行功能及其运行环境，以识别危险源，分析评价相关风险；并在此基础上有效地控制、监督风险，以实现最大安全保证、可靠地实现安全管理目标的科学管理方法。SMS 体系的一个特性就是主动性，运行该体系的工作人员不能坐等不安全事件的发生，而是利用一切可用的科学的管理技术和方法来预防事件的发生，关口前移，发挥预警机制。

3. SMS 的本质

安全管理体系的本质是建立并实施系统的、清晰的、全面的安全风险管理和安全基础运行系统。它强调以系统化和积极主动的方式进行安全管理，强调事故的预防，倡导安全部门要特别注意安全计划；承担安全风险信息收集工作和分析、故障监察和排除等任务，提供与安全有关的技术支持，同时，积极促进公司内部工作交流。因此，风险管理是一种事态管理，这与传统的事件管理有很大不同。事件管理的目的是防止不安全事件再次发生。安全管理体系则是通过分析隐患问题，提早控制，防止不安全事件发生。而且，安全管理体系明确指出安全是有成本的，只有当风险可能造成人员伤害或财产损失超出可接受的水平，安全才是第一。

我国民航在实行安全管理体系时，应该将重点放在风险识别、风险评估等环节，找出民航系统内实际的缺陷，采取措施完善系统实际的缺陷，实实在在地推动系统完善工作。安全管理体系的核心是风险管理。风险管理包括风险识别、风险评估和风险控制三个阶段，这三个方面构成一个风险优先控制顺序，是一个循环过程。

第三节　航空公司 SMS 实施影响因素

SMS 是应用于组织的安全文化氛围中的管理过程和管理方法。安全管理体系作为管理安全的系统做法，其成熟度、完善程度和总体绩效表现受到公司外部环境和内部环境的深刻影响。对于航空公司管理而言，外部环境是客观存在，无法改变的。从内部环境的角度而言，SMS 的实施效果主要受到公司安全文化氛围、沟通管理、信息管理以及公司对 SMS 的管理和支持等因素的影响。

一、公司安全文化氛围

1. 中西方文化差异

安全管理系统是在西方诞生并发展起来的，由于东西方文化的差异，

SMS 在具体程序执行上存在不畅的情况。例如，公司在安全管理系统建设中设置了自愿报告平台，西方人较直接，喜欢有问题直接反应沟通，而中国人比较含蓄，存在“多一事不如少一事”的怕麻烦心理，因此自愿报告平台的信息量少，运行效果不理想。部分基层干部认为哪个部门报告的安全信息多，哪个部门的问题就多。甚至存在发现问题后封锁信息、隐报瞒报的情况。

2. 中西方安全管理理念差异

我国民航的安全管理早期经历了“经验管理阶段”“规章管理阶段”，目前正向“系统安全管理”和“人文关怀的安全管理”逐步迈进。在早期特定的发展阶段，人员违章问题突出，局方和公司的许多安全管理政策都是针对此阶段，多盯紧“最后一环”，围绕“人的问题”进行防控；通过对作风问题进行惩戒改进人的行为习惯。在特定的阶段这些措施是非常必要的也是非常高效的。但是，这些安全管理政策大部分不能真正地从组织上、系统上体现“风险预防”的本质，部分管理制度甚至对公司的报告文化、公关文化产生了负面的影响。从公司目前带有惩罚性的遵纪守则的文化，转型为责任感和信任文化是 SMS 建设中面临的最大挑战。

二、安全数据收集与信息共享

1. 公司安全数据收集

公司安全数据是分析评价航空公司安全管理水平的重要工具。随着航空公司各部门信息报告量持续增加，信息管理效率一定程度上得到提高，但各航空公司安全数据收集过程中依旧存在许多不同的问题。倘若安全数据收集方法不严谨，数据管理出现疏忽，势必导致数据正确性和完整性受到影响，从而造成对航空公司安全管理水平的不正确评价，影响安全管理政策的调整，制约安全管理水平的提升。

2. 信息共享

信息的沟通及共享是安全风险防范的一项重要基础。目前，公司内部的安全信息已达到一定的共享及沟通，但是在与同行业及相关联行业间，安全信息还不能够全面、充分地进行共享和交流。出于各种原因，一些关键的、有价值的安全信息往往在行业间和关联行业间流失了，无法实现安全管理从“盯人盯事”到“盯组织盯系统”的转变，导致类似的问题在不同地区、不同单位重复发生。很多航空公司由于无法获取充分的行业安全信息，无法更好地实现汲取和吸收行业的教训及经验，从而改善自身的安全管理水平。

三、安全管理政策及考核激励机制

管理政策与考核激励机制是提高航空公司安全管理水平的重要因素。规范合理的管理政策为航空公司安全管理水平提供规范和约束，在一定程度上可以保证安全管理水平的稳定。同样，制定相应的合理考核管理机制可以严格各部门工作人员资质能力，以激励形成良性竞争，从而提高航空公司安全管理水平。由于政策与机制应随着公司的不同时间不同阶段的发展做出不断调整，因此，大部分航空公司在该方面建设中依旧存在些许问题。例如：过于重视安全结果可能导致对安全管理措施落实缺乏有力监督；安全绩效指标不适应公司发展可能导致一些部门和员工混淆“安全绩效”与“工作绩效考核”，对积极安全文化建立产生负面影响。

四、员工安全素养与培训

1. 员工安全素养

员工安全素养对航空公司安全管理水平有着重要影响。根据调查，在许多航空公司年度安全监察调查中反映出一线人员违反规程的情况比较突出。员工安全意识不强，危险识别不充分。一些“习惯性违规”“常规性违规”行为变成了工作团队中工作的正常方式。部分一线员工安全意识不强，违规现象屡禁不止，对导致常规性违规的相关危险源识别不足。部分员工认为安全管理是监察管理部门的事情，自己只是被动地接受检查，存在应付检查工作的情况。安全教育宣讲不充分，同样问题反复发生。部分安全管理人员的监督责任没能落实到位，对于普遍存在习惯性违规行为熟视无睹，没有及时采取处理措施。人作为航空公司的管理者与参与者，决定着整个航空公司的运营品质。倘若公司部分员工存在安全素养不强的问题，势必对航空安全管理产生较大的负面影响。

2. 员工安全培训与教育

对员工进行安全培训与教育工作是提高航空公司安全管理水平的关键环节。大部分航空公司采取的安全培训和教育的主要方式是不安全事件调查报告分析及安全整顿月活动等，并且公司对员工的安全培训和教育主要是在事故或不安全事件发生后进行的。但这些活动和方式存在很多问题，同样严重影响了公司安全管理水平。例如：从上往下的各文件学习，安全培训和教育方式单一，员工认识不深刻，培训效果不理想。对员工安全管理知识的培训不足，部分运行人员对危险源识别、风险管理知识和 SMS 原理缺乏必要的了解。在员工安全培训环节中出现的这些问题对航空公司安全管理水平均产生着不同程度的影响。

第四节　航空公司安全管理相关法规与理论基础

一、我国民航法规体系

我国民航法规体系为确保民用航空安全，我国已形成并正在建设和完善以《民用航空法》为根本、民航行政法规为枝干、民航部门规章为基础的现代化民航法规体系。中国民航法律法规表现形式按其立法主体和效力不同，可分为民用航空法律、民航行政法规、民航部门规章等规范性文件。而行政法规和部门规章都是对民航法律的必要补充或具体化，如图 1-3 所示。

目前，我国民航最主要的法律是 1996 年开始施行的《民用航空法》，它规定了我国民用航空的基本法律制度，是制定其他民航法规规章的基本依据。行政法规和行政法规规范性文件，如《中华人民共和国民用航空器适航管理条例》《中华人民共和国民用航空安全保卫条例》《民用机场管理条例》等。

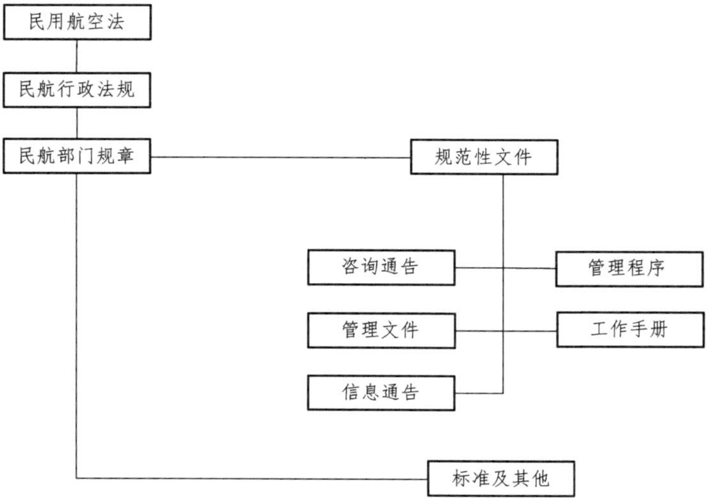

图 1-3　我国民航法规体系

民航部门规章是指国务院民用航空主管部门根据法律和国务院的行政法规、决定、命令，在本部门的权限范围内制定发布的规定。它在民航法规体系中内容最广、数量最多，涉及民用航空活动的方方面面，是民航主管部门实施行业管理的重要依据。国际条约尽管并非国内法，但我国缔结或者参加的民航国际条约对于我国的民用航空活动仍有约束力，如《国际民用航空公约》。民航部门规章共分为五篇，分别从行政程序规则、航空器、航空人员、空中交通规则与一般规则、导航设备以及民航企业合格审定五大方面对民航的运行及安全进行了规定。

民航规范性文件主要包括管理程序（AP）、咨询通告（AC）、管理文件（MD）、工作手册（WM）和信息通告（IB）五大类。

二、民航安全管理相关法规

安全是航空公司运行管理的首要目标，所有的民航法规都以安全作为法规制定的基本依据。其中，对于运行安全管理涉及内容较多的法规有《民用航空安全信息管理规定》（CCAR-396-R3）、《中国民用航空安全检查规则》《公共航空旅客运输飞行中安全保卫规则》（CCAR-332）。

《民用航空安全信息管理规定》（CCAR-396-R3）自 2016 年 2 月 23

日经第三次部务会议通过，2016 年 4 月 4 日起施行。涉及航空公司安全管理的章节有：

第三章民用航空安全信息收集；

第四章自愿报告的民用航空安全信息处理；

第六章民用航空安全信息分析与应用；

《民用航空安全检查规则》自 2016 年 8 月 31 日中国民用航空总局局务会议通过，2017 年 1 月 1 日起施行，涉及航空公司安全管理的章节有：

第五章民航安检工作实施；

第六章民航安检工作特殊处置。

《公共航空旅客运输飞行过程中安全保卫规则》（CCAR-332）自 2008 年 8 月 1 日中国民用航空局局务会议通过，2008 年 11 月 8 日起实施。涉及航空公司安全管理的章节有：

第四章扰乱行为及非法干扰行为等严重危害飞行行为的处置程序。

三、航空公司安全管理理论基础

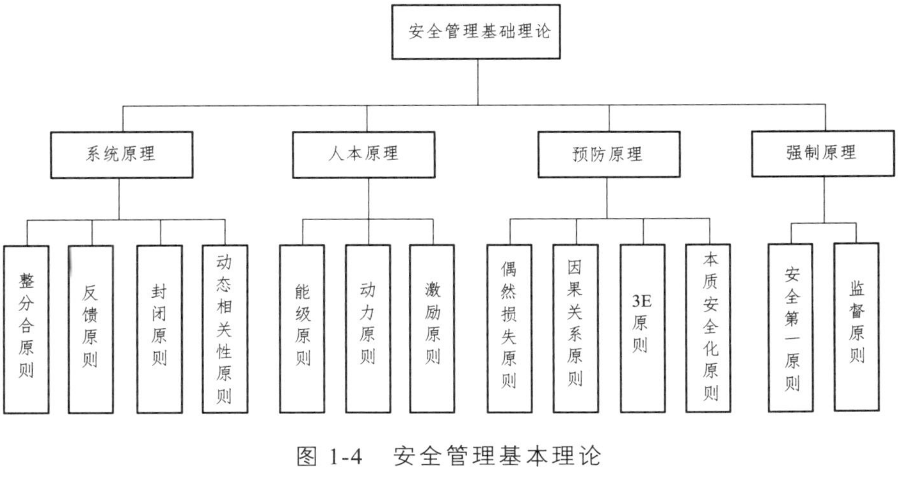

图 1-4　安全管理基本理论

1. 系统原理

系统原理是人们在从事管理工作时，运用系统的观点、理论和方法对管理活动进行充分的分析，以达到管理的优化目标，即从系统论的角度来认识和处理管理中出现的问题。以此规定了整分合原则、反馈原则、封闭原则、动态相关性四项原则。

霍金斯—阿什比模型是典型的以系统原理为基础的安全评价研究模型。该模型具备辨别哪一个 SHELL 组件已经在系统之外以及哪个组件需要更改以保持风险在可接受的程度之内的能力，将使个人和单位在超出了规章符合性之外的情况下还能保证安全。

2. 人本原理

人本原理在管理活动中必须把人的因素放在首位，体现以人为本的指导思想，以此规定了能级原则、动力原则、激励原则。

公平理论是以人本原理为基础的安全评价模型。公平理论是美国心理学家斯塔西・亚当斯于 1965 年提出的。它的基本要点是：人的工作积极性不仅与个人实际报酬多少有关，而且与人们对报酬的分配是否感到公平更为密切。公平理论可用公平关系式来表示。设当事人 A 和被比较对象 B，则当 A 感觉到公平时有下式成立：

$$O_A / I_A = O_B / I_B$$

其中，I 为个人所投入（付出）的代价，如资历、工龄、教育水平、技能、努力等；O 为个人所获取的报酬，如奖金、晋升、荣誉、地位等。

3. 预防原理

通过有效的管理和技术手段，减少和防止人的不安全行为和其他事物的不安全状态，从而使事故发生的概率降到最低，这就是预防原理。以此规定偶然损失原则、因果关系原则、3E 原则、本质安全化原则。

偶然损失原则，体现在事故所产生的后果以及后果的大小如何，都是随机的，是难以预测的。反复发生同类事故，并不一定产生相同的后果，这就是事故损失的偶然性。

因果关系原则，就是事物之间存在着事物是另一事物发生的原因这种关系。掌握事故的因果关系，砍断事故因素的环链，就消除了事故发生的必然性，就可能防止事故的发生。事故的必然性中包含着规律性。从事故的因果关系中认识必然性，发现事故发生的规律性，变不安全条件为安全条件，把事故消灭在早期起因阶段。

3E原则，表现为事故是由于员工技能、知识、态度原因造成；需要采取工程技术（Engineering）、教育（Education）、强化监督（Enforcement）的方式来加强管理。

本质化原则，即本质上实现安全化，指的是设备、设施或技术工艺含有内在的能够从根本上防止发生事故的功能，包含两方面的内容：失误—安全功能、故障—安全功能。

4. 强制原理

采取强制管理的手段控制人的意愿和行动，使个人的活动、行为等受到安全管理要求的约束，从而实现有效的安全管理，这就是强制原理。以此规定安全第一原则、监督原则。

安全第一原则，体现在方方面面，是一切安全工作的基本准则，“安全第一、预防为主、综合治理、持续改进”的必须遵守的安全管理和生产方针。

监督原则，具体表现在为了促使各级生产管理部门严格执行安全法律、法规、标准和规章制度，保护职工的安全与健康，实现安全生产，必须授权专门的部门和人员行使监督、检查和惩罚的职责，以揭露安全工作中的问题，督促问题的解决，追究和惩戒违章失职行为，例如国家监督（监察）、企业监督、群众监督、各类审计。

第五节　相关研究与应用综述

当前，国内学者对民航安全管理体系的研究主要集中在以下几个方面：

一、从民航的宏观角度展开研究

以整个民航安全管理体系着手，探讨中国民航在建设和实施安全管理体系的过程中所面临的问题和困难，以及应对的策略。胡临春在《民航安全管理体系建设中存在的问题及其对策》中指出，在 SMS 建立的初期阶段，虽然各民航企事业单位能迅速建立起 SMS 的手册规范，各类手册文件也非常完整、到位，但是在实际应用过程中安全管理工作没有根本的转变，存在很多与 SMS 的基本理念不相符的问题。书中总结分析了行业普遍存在的共性问题，并提出解决对策，包括塑造积极安全文化、加大 SMS 宣传力度、加强安全信息的分析和利用、全面开展安全风险管理和保持安全与效益相平衡。

赵鹏和宋存义在《我国民航实施安全管理体系 SMS 的思考》中，分析了安全管理体系（SMS）方法的本质，指出我国在 SMS 建设中对 SMS 的建设重点、自愿报告系统等问题的认识上存在误区，提出了包括调整安全监察机构、转变安全考核方式和培养良好的安全文化几点具有实践意义的操作方法帮助实施 SMS。

二、从民航的具体运行领域展开研究

通过对某个运行领域（如空管、飞行、维修等）的安全管理体系建立和实施进行深入分析，进而展开对航空公司安全管理的研究。曹慧明在《通用航空 SMS 建设研究及安全管理信息系统开发》中，以通用航空公司安全管理体系的实践研究为切入点，结合通用航空在我国发展的现状特点和运行实践,探讨了国内通用航空公司建立 SMS 体系的基本思路，重点提出了开发通用航空安全管理信息系统来完善 SMS 功能，具有一定的借鉴意义。杨昌其和阎建中在《空管安全管理体系之框架搭建》中以空中交通管制为研究对象，结合我国空管发展的实际情况，对构建我国民航空管安全管理系统提出了设计方案和实施办法。

三、以民航企事业单位为具体对象展开研究

李红丽在《我国民航业安全管理体系 SMS 的建设与应用研究—以山东航空公司为例》中，以山东航空公司推行 SMS 的经验，并借鉴国外关于安全管理体系建设的成功经验，探讨在国内航空公司民建设 SMS 的基本模式和规划。乔磊在《大连飞机维修厂建立新安全管理体系的研究》，

从维修单位建立 SMS 的角度出发，结合大连维修厂建立 SMS 的成功经验，提出了 3 个关键点，即管理者重视、全员参与和整体规划，为国内航空器维修单位建立和实施 SMS 体系提供了参考。蒲天佐在《D 航空公司运行控制体系的安全管理研究》中，基于 SMS 理论，详细分析了 D 航空公司运行控制安全管理体系建设中存在的问题，即安全文化、个人安全素质、员工安全报告信息、人力资源和安全防控系统。通过对现状和成因的分析，结合 D 航空公司发展方向，分别从建立积极的安全文化、加强安全培训、完善员工安全信息处理、完善人力资源制度建设和加强安全防控系统的建设出发，提出了改进建议和具体的实施方案。

四、就安全管理系统的要素进行深入研究

史记法和陈俊在《从人为因素到安全管理体系》中，从风险管理的要素来分析事故和事故征候的成因，将所得出的数据和结论应用到安全管理体系中，从而提高风险管理的能力，预防事故的发生。刘俊杰在《航空安全自愿报告系统运行与思考》中，认为自愿报告系统是建设安全管理体系的一项重要内容，探讨了自愿报告系统收集、分析和处理安全信息的运行特点，同时还分析了自愿报告系统与安全管理体系以及安全文化的热点安全问题之间的关系。

总结来讲，我国对航空安全管理体系的研究已经取得一定的成果，但是与欧美航空强国相比差距还很大。国内的民航专家和学者分别从不同角度和深度对航空安全管理体系的建设和实施所做的研究，总结了一些经验，对于我国民航业安全管理水平的提高具有一定的指导意义。

第二章
航空公司安全管理现状分析

第一节　中国航空公司安全管理现状及存在问题

一、中国航空公司安全管理现状

1. 运输航空企业情况统计

截至 2019 年年底，我国共有运输航空公司 62 家，比上年底净增 2 家，按不同所有制类别划分：国有控股公司 48 家，民营和民营控股公司 14 家。在全部运输航空公司中，全货运航空公司 9 家，中外合资航空公司 10 家，上市公司 8 家。

截至 2019 年年底，民航全行业运输飞机期末在册 3818 架，比上年底增加 179 架。

2019 年，中航集团完成飞行小时 279.88 万小时。完成运输总周转量 318.61 亿吨公里，比上年增长 1.9%；完成旅客运输量 1.43 亿人次，比上年增长 4.2%；完成货邮运输量 204.68 万吨，比上年下降 2.1%。

2019 年，东航集团完成飞行小时 243.57 万小时。完成运输总周转量 252.41 亿吨公里，比上年增长 8.5%；完成旅客运输量 1.30 亿人次，比上年增长 7.5%；完成货邮运输量 146.92 万吨，比上年增长 1.8%。

2019 年，南航集团完成飞行小时 295.07 万小时。完成运输总周转量 326.24 亿吨公里，比上年增长 7.5%；完成旅客运输量 1.52 亿人次，比上年增长 8.4%；完成货邮运输量 176.36 万吨，比上年增长 1.8%。

2019 年，海航集团完成飞行小时 190.18 万小时。完成运输总周转量 201.27 亿吨公里，比上年增长 3.5%；完成旅客运输量 1.14 亿人次，比上年增长 4.6%；完成货邮运输量 84.19 万吨，比上年下降 2.6%。

2019 年，其他航空公司共完成飞行小时 222.43 万小时。完成运输总周转量 194.73 亿吨公里，比上年增长 19.1%；完成旅客运输量 1.22 亿人次，比上年增长 15.8%；完成货邮运输量 141.00 万吨，比上年增长 12.4%。

自 2010 年 8 月 25 日至 2019 年年底，运输航空连续安全飞行 112 个月，累计安全飞行 8068 万小时。

2019 年，全年共发生运输航空征候 570 起，同比下降 2.23%，其中运输航空严重征候 11 起，同比下降 31.25%。严重征候和人为责任原因征候万时率分别为 0.009 和 0.023，各项指标均较好控制在年度安全目标范围内。

2. 中国航空公司的安全管理体系

航空公司是直接进行民航客货邮运输的企业，是具有独立法人地位、从事生产和市场运销的营利性单位，它具有机队、航线、销售服务网络等，是人员、资金、技术高度密集的服务型生产企业。

安全管理系统是一种科学的、由系统来管理安全的科学模型，是目标管理、系统管理和风险管理相结合的项目，包括但不限于：飞行、签派、机务、客舱、地服、货运、安保等，贯穿公司整个运行体系。安全管理包括安全政策、风险管理、安全保证和安全促进四大基本构成要素。

《国际民用航空公约》附件及《航空运营人安全管理体系的要求》中明确阐述风险管理是安全管理体系的核心，是安全管理体系内的重要过程。

3. 航空公司安全组织机构

安全组织机构的设立是将安全总监，安全监测部门和安全委员会等元素与航空公司现有的运行管理体系相融合，在适当的管理层面间增设必要的职位或机构，以更好地发挥安全管理效能，完善安全管理体系建设。图 2-1 所示是航空公司组织机构图。

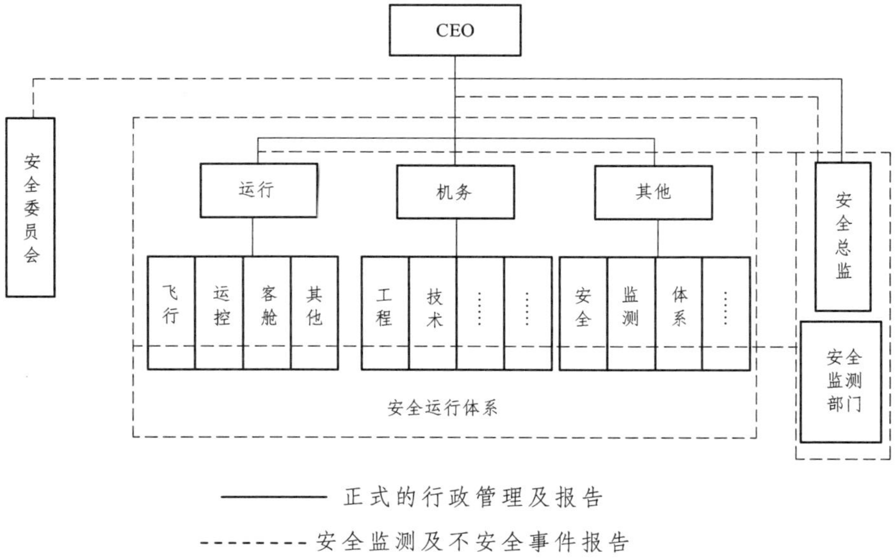

图 2-1　航空公司组织机构图

（1）安全总监。

安全总监的职责：领导安全监测部门完成各项安全管理工作，监督和促进安全管理策略的实施，定期组织安全绩效评价和改进；维护和发展安全管理体系，确保其有效性，提出贯彻落实各项安全管理事宜或公司安全政策的正确指导思想；保证安全监测和安全改进的持续性管理，根据规章要求组织专业人员准确编写各类安全信息数据及改进措施报告；组织指导安全管理系统的相关培训，培养公司内部安全文化和安全意识；做好与 CEO 和公司各运行部门在相关安全事项上的沟通和协调。

（2）安全监测部门。

安全监测部门的职责：贯彻民航局和航空公司的各项安全方针和政策，在安全总监的领导下，推行安全管理体系的实施，组织执行安全管理策略，保障航空公司的安全运行；贯彻和指导各级员工对公司规章制度的了解和掌握程度，检查各项规章制度在实际运行过程中的贯彻落实，及时发现系统中存在的不安全现象和问题，并提出合理、有效的改进措施，督促各运行部门按要求完成整改、排除安全隐患；组织实施安全规章制度规则的培训，宣传公司先进的安全理念和文化，针对有代表性的不安全事件开展员工安全教育活动。

（3）安全委员会。

安全委员会主席应该由CEO担任，成员由各部门领导组成。安全委员会可根据每个航空公司的不同需求定期组织召开，一般为每月或每季度召开一次。安全委员会的职责：定期评审公司的安全政策和安全管理程序，向最高层管理者提出安全管理建议，并在获得批准后督促建议的实施；评价安全改进措施的合理性和有效性，划分安全职责，监督不安全事件的调查和处理；评论和分析安全趋势，为必要的安全决策提供支持，宏观掌握公司安全运行状况和发展趋势。

4. 中国航空公司的安全管理内容

我国航空公司的安全技术管理正规化才启动十多年，所以其操作还存在很多不科学、不完善的地方，需要进一步改善工作，使之更加科学化、制度化、规范化和程序化。一般航空公司的安全管理是属于每个公司的“安全生产部”直接管理下的内容安全管理。安全生产部是公司安全管理的立法、监督和检查部门，其管理一般为分级管理，主要有飞行安全管理、航空地面安全管理两大部分构成。

（1）飞行安全管理。

指对飞行人员的安全飞行管理，是航空公司安全管理的重中之重。几乎所有航空公司现在均严格按照批准的《飞机飞行手册》上的规范、标准和程序进行，防止人为差错，保证飞行安全。

（2）航空地面安全管理。

指的是与航空器有直接或间接联系的一切安全管理，牵涉面较广，大体上涉及机务、签派、性能、情报等。比如机务安全管理：指机务人员的安全生产管理。所有航空公司现在均按照中华人民共和国航空行业的《民用航空器维修标准》（包括维修管理规范、地面安全、地面维修设施和劳动安全卫生四大部分）进行飞机维修工程与管理。同时，各个航空公司飞机维修部门还根据自身实际情况，制定了一系列的《管理程序手册》《质量保证手册》等法定性管理规范和文件，使得飞机维修工作程序化、规范化和制度化，防止维修人为差错，以保证飞机维修安全。

5. 中国航空公司的外部安全监管

在中国民用航空局的统一领导下，设有各民航地区管理局，各地区管理局又下设民航安全监管局，对航空公司、机场和空管中心进行独立的安全监督检查。比如四川省的航空公司就要受到西南地区管理局（以下简称“民航西南局”）和四川安全生产监督管理局的监督检查。我们以航务管理为例，说说民航西南局航务管理处和四川安全生产监督管理局航务处的职责。

1）管理局航务管理处工作职责

民航西南局航务管理处是民航西南地区行使航务管理职能的行业主管部门，主要负责运行合格审定、运行控制管理、飞行签派执照管理、委任代表管理、飞行签派培训机构审定、飞机性能、飞行程序、运行标准、航行新技术等方面的行业管理工作，具体职责如下：

（1）贯彻落实民航局关于民用航空安全管理、运行控制管理、飞行签派执照、委任代表管理、飞行签派员训练机构、飞机性能、飞行程序、运行标准及航行新技术等规章和相关规定。

（2）统筹民航西南地区航务管理工作，监督、指导、协调管理局各监管局航务监管工作，制定西南地区航务工作年度持续监督监察工作计划。

（3）组织辖区内运输航空公司运行控制领域的运行合格审定、补充审定工作；配合其他管理局相关的合格审定、补充审定和持续监督检查工作。

（4）负责西南地区飞行签派员执照管理工作，颁发飞行签派员临时执照，发放飞行签派员执照。

（5）负责西南地区飞行签派检查委任代表的审查、推荐及管理工作。

（6）负责西南地区飞行签派员训练机构的合格审定及其持续监察，颁发飞行签派员训练机构资格证书。

（7）负责西南地区各机场（含在用、新建、迁建和改扩建）传统、

PBN 飞行程序和运行标准、机场使用细则的审批以及持续监督检查工作。

（8）负责组织本地区机场的机场试飞、程序试飞、性能试飞，上报试飞报告；参与军事部门及有关单位优化和改进空域结构等工作。

（9）负责西南地区飞机性能管理工作，监督指导辖区各监管局、航空承运人有关飞机性能执行及落实工作；审核审批西南地区航空公司飞机起飞一发失效应急程序。

（10）负责组织西南地区机场净空保护区“附件十四面”外的拟建建筑物的航行评审工作，承办机场净空及周边障碍物处理航行研究和评估工作。

（11）组织西南地区全天候机场运行的航行研究，审核审批机场低能见度运行程序。

（12）参与西南地区机场选址、预可研、可研、总体规划、初步设计等各阶段审核工作；参与净空处理、导航设施布局和机场工程的审核、验收工作；参与本地区新建机场飞行区验收工作。

（13）负责西南地区航行新技术的应用推广工作。

（14）参加西南地区航空公司引进航空器航务评估工作。

（15）参与西南地区民用航空飞行事故、地面事故及事故征候调查，负责航务业务的调查和取证工作，提出处理意见或建议。

（16）承办上级领导及管理局领导交办的其他工作。

2）监管局航务处工作职责

（1）贯彻执行国家有关法律法规及民航局有关法规、规章、政策和标准并按授权参与宣贯及培训工作，且对法规、规章、政策和标准的修改完善提出意见和建议，上报管理局。

（2）实施飞行标准系统航务相关的各类管理规定、飞行标准监察员手册、咨询通告。

（3）开展辖区内航空公司运行合格审定工作，审批辖区运输航空公司《飞行签派员训练大纲》。

（4）对本辖区飞行签派员执照申请进行初审，参与组织执照考试，按授权负责本辖区飞行签派员执照的认证检查工作。

（5）负责本辖区飞行签派检查委任代表的推荐和资格审查；提出取消委任代表的资格的建议；监督检查、指导本辖区委任代表的日常工作。

（6）开展辖区内持照飞行签派员执照认证检查工作。

（7）按照管理局制定的年度工作计划，制定辖区年度飞行运行持续监察方案；参与对辖区飞行运行活动、航站和航空运营机坪运行情况实施监督检查，上报持续监察信息（开展辖区内航空公司运行控制监察工作）。

（8）参与运营人新辟航线或航线上新增机型、新增运行项目的审批和航空器首次投入运行前的运行评估，修改《运行规范》。

（9）对辖区机场建设初步设计中的飞行程序方案、飞机性能分析进行初审。参与或按授权组织辖区机场的验证飞行、程序试飞、飞机性能试飞，上报试飞报告。

（10）负责对辖区各机场飞行程序、运行最低标准和低能见度运行程序进行初审。负责对辖区新建机场的机场使用细则的初审及已公布的机场使用细则更新修订的审批。对辖区机场飞行程序和运行标准维护及执行情况进行监督检查。

（11）监督检查辖区运营人飞机性能工作，对飞机一发失效应急程序进行初审并组织模拟机验证。

（12）根据管理局统一部署和授权，开展辖区的航行新技术推广应用工作。

（13）参与辖区内民航应急工作；贯彻落实国家、民航局、民航地区管理局关于加强民航应急工作的方针、政策、要求与工作部署；监督、检查和指导辖区内相关单位加强民航应急工作；参与突发事件应对工作。

（14）对外航驻在机构进行检查，并对外航实施停机坪检查，完成并保存相关的检查文件。

（15）参与辖区新建运输机场选址报告的审核工作及新建通用机场场

址审查工作；参与辖区内运输机场总体规划及建设项目方案的审查工作，并参与相关的行业验收。

（16）参与本辖区的事故、事件调查，提出处理意见或建议。

（17）完成上级交办的其他工作。

二、中国航空公司安全管理存在的问题

中国民航业在中国民用航空局的领导下，发展迅速，成绩斐然。但是，我国航空公司与国际先进航空公司之间差距还很大，所存在的问题也不少。

1. 人员激励机制低效

我国各个航空公司在激励机制上下了不少功夫，但实际操作起来效果不够理想，没有真正起到应有的激励作用。

2. 人力资源管理制度不完善

航空公司对各部门职能分析和职能评估需要进一步完善，无法根据各个部门职能、任务指标和岗位说明书进行定期或不定期的动态监督和评估工作。这不利于监督各部门提高工作质量和改善工作作风。公司内部存在“管而不管”的现象，目标管理责任制难以落实，不利于及时发现现有运行机制上的缺陷。

3. 飞行员管理问题

飞行人员是航空公司的核心骨干，是各部门重点提供保障服务的对象，也应是重点监督管理的对象。由于其工作具有高技术高风险的特点，因此俗话说“飞行员是用金子堆出来的”，这不仅意味着其培养费用高昂，而且意味着他们在航空公司中的地位特殊、待遇优厚。

4. 员工安全教育和培训效果不佳

航空公司比较重视员工安全教育和培训，将定期培训和不定期培训相结合，工作具有针对性。但员工安全教育的方式单一，培训效果不够理想。

第二节　系统建设

近年来，航空公司通过建设系统来提高安全管理水平，主要的系统有监控系统和风险评估系统。

一、监控系统

运行监控系统是运行监控不可分割的一部分，航空承运人应使用与其运行区域和运行复杂性相适应的系统和程序，通过飞机通信寻址与报告系统、广播式自动相关监视、第四代海事卫星航空宽带安全业务、北斗卫星无线电测定业务、二次监视雷达、民航运行数据共享与服务平台以及能够满足航空公司监控需求的其他技术手段，自动获取航班运行情况和飞机状态信息，对其在运行区域内的航班运行进行实时监控，航空承运人所使用运行监控系统和程序应在运行规范 A0015 中予以描述。

1. 系统监控要素

（1）位置监控：飞机当前位置的经纬度坐标。

（2）航迹监控：通过对飞机历史位置的持续显示，获取飞机飞行轨迹。

（3）高度监控：飞机实时高度值。

（4）油量监控：机上剩余燃油量。

（5）气象监控：根据飞机当前飞行阶段，获取运行机场及航路气象条件，包括云高、能见度、风、降水、颠簸、积冰等影响运行的天气现象。

（6）飞行动态：获取飞机运行信息，识别其推出、滑行、起飞、落地、滑入等各个关键节点。

（7）异常机动：识别飞机偏航、低高度、备降、返航、复飞、紧急下降、中断起飞等偏离飞行计划的情况。

（8）应答机编码：获取飞机设置的特殊应答机编码（7500/7600

/7700）。

（9）故障监控：影响飞行安全的系统或重要部件在飞行过程中发生故障时飞机产生的告警信息（以下称重要故障信息），包括但不限于发动机系统、液压系统、飞控系统、起落架系统、引气系统、空调系统。

（10）信息延迟：确保实现监控系统各项功能所需信息的接收频次满足 4D/15 相关要求。

2. 运行监控信息的获取

运行信息是航班运行监控的重要基础和依据。为确保飞机运行过程中运行信息被及时接收，飞机与地面监控系统之间的信息交互需要满足以下要求：

（1）对于飞机 4D 位置（经度、纬度、高度、时刻）、油量信息，监控频次间隔不超过 15 分钟，航空承运人可根据自身实际采用更短的监控间隔。

（2）飞行中的重要故障信息，机载设备应当自动触发，并将信息传递给维修监控人员；对于受机载设备限制无法实施自动监控的，承运人应制定流程，由飞行机组主动报告的方式完成监控工作；航空承运人应在飞机制造商软件系统基础上积极开发、扩展监控功能。

（3）除了飞机自动下发，运行监控系统应当具备主动获取飞机 4D 信息和油量的功能，以便于飞行签派员、维修监控人员根据运行需要，主动对运行状态进行监控和确认。

（4）对于监控信息未及时获取的情况，航空承运人应当制定备份预案，确保运行监控工作持续开展。

3. 系统告警

已经出现或较大概率出现不正常情况时，监控系统应当给予地面监控人员可视化或者声音告警，告警信息只能由人工操作进行解除。监控系统告警应至少覆盖以下情况，航空承运人可以根据运行实际在此基础上增加告警项目：

（1）巡航阶段飞机偏离计划航线 100 公里及以上。

（2）巡航阶段飞机高度低于上一年度记录的航线历史最低高度（排除异常高度）1 200 米以上。

（3）飞机当前剩余油量低于飞行计划中飞至目的机场航程燃油、备降燃油以及最后储备油量之和。

（4）动态监控告警：飞机抵达决断点、二放点，或超时未落地。

（5）飞机进行备降、返航、盘旋等待、中断起飞、紧急下降、复飞。

（6）起飞机场、目的地机场、备降机场气象条件处于或低于运行标准。

（7）运行机场出现或预期出现：大雨、雷暴、低空风切变、大风超标、地面结冰条件等恶劣天气现象。

（8）航路出现：颠簸、积冰、火山灰等恶劣天气现象。

（9）系统超过 15 分钟没有收到飞机的下传 4D 位置信息。

（10）重要故障信息告警，具体如空客 A320、A330、B737、B777 系列的 H 级故障告警，A350 系列的 DISPATCH 信息或其他机型的同等级别告警信息。

4. 系统管理

航空承运人需要为运行监控系统指定人员进行管理。如果委托代理或供应商等第三方进行系统管理的，必须确保其指定人员能够及时受理和解决系统异常问题。

航空承运人需要对系统的稳定性和监控信息可靠性进行周期性的回顾分析，按需进行优化改进，并且根据公司运行需求对系统进行升级。

航空承运人应建立监控信息管理制度，保存运行监控信息至少三个月，并指定人员对其进行管理，确保可分时段分类查询历史数据、快速筛选定位航班，支持信息导出。

航空承运人应在手册中明确规定运行监控的内容、流程和工作程序，并对运行监控人员进行培训，确保其完全了解监控系统功能并正确开展监控工作。

运行监控系统示例图如图 2-2 所示。

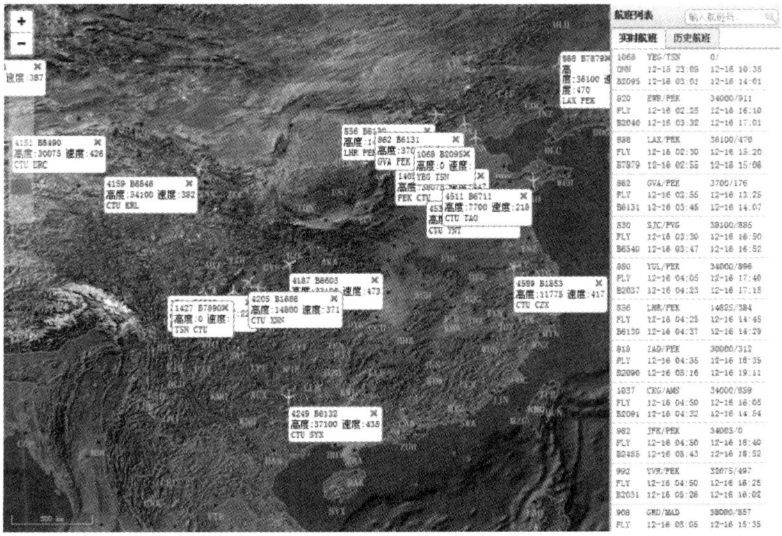

图 2-2　运行监控系统示例图

二、风险评估系统

签派员与飞行员共同承担航班的安全责任，通过对影响签派放行工作各种因素的有效风险评估和控制，能大幅降低航空公司运行过程中的风险，从而提高航空公司的运行效率，达到零失事率的目标。签派放行工作涉及的单位多、人员广、难度大，处理加工信息繁多复杂，工作综合性强。如不能有效使用信息化技术对现有风险评估手段和机制进行根本性改造，航班的安全压力将难以承受。

（1）为航空公司风险管理决策提供支持。航空公司在运营过程中风险暴露面宽，风险因素关联性强，连锁事故威胁大，这一特性决定了其必须利用风险评估理论、安全科学、复杂科学、系统工程等方法识别、控制航空公司运营的风险因素，进行航空公司风险管理。

（2）为建立航空公司风险评估系统提供指导。目前，对于签派放行风险评估系统的研究，仅有国内少数几个大公司处于初步建立阶段。航空公司签派放行风险评估系统是一个有着相互联系的多指标系统。要实现对航空公司风险的科学准确评估，不仅需要对单个指标进行评估，更需要对多指标体系进行综合评估。因此，探索一种能够综合评估航空公司风险的方法，是一项亟待解决的工作。

（3）为航空公司的日常安全管理提供。依据签派放行风险评估模型的研究将包含风险范围的界定、辨识风险因素的方法、风险因素的分类等过程，这些也是航空公司安全管理工作的内容。

随着近年来民航局相关咨询通告的颁布，比如 2015 年颁布的《航空承运人运行控制风险管控系统实施指南》明确要求国内各个航空公司逐步建立起相应的风险控制系统。但目前许多航空公司主要还是针对航班放行前的风险进行评估，对于航班放行后的空中运行监控阶段的风险控制还是较为空白，许多航空公司还有待提升。在 2019 年 5 月民航局颁布的《航空承运人运行监控指南》中，明确指出运行控制的核心是风险控制，不仅包括在航班运行前对航路、机场、天气、机组的风险分析，更重要的是要发挥在航班运行过程中的监控和对机组的支持作用。

1. 国外航班运行风险评估与控制研究现状

国外民航安全风险评估与控制研究领域起步较早，积累的经验也较为丰富。国外对于航空运行风险这类不确定事件的研究基本采用定性和定量相结合的方法，对于民航安全风险评估与控制的方法主要包括：事故树法（FTA）、贝叶斯网络模型、BP 神经网络、模糊专家系统、飞行运行风险评估系统（FORAS）、模糊风险矩阵、Fuzzy-ANP（模糊-网络层次法）、Fuzzy-TOPSIS（模糊-逼近理想解排序）。

2003 年，BEOOKEPJ 将事故树（FTA）方法应用于航空安全系统的分析。2006 年 Wen-KueiLee 通过结合模糊语言尺度方法、故障模式、效果和临界分析，开发了航空安全风险因素评估定量模型，作为提高安全风险管理系统有效性的手段。

2008 年 DINGSongbin 等人应用基于具有评估事故发生概率的贝叶斯网络模型，然后使用二级模糊综合评价法对航班风险进行评估，避免了单纯专家评判的主观性。

2009 年，C.Collet 等人应用 BP 神经网络分析航空器数量与管制员身体属性指标的关联性，并对风险进行评估，验证了 BP 神经网络对于民航风险评估相关领域的可用性。

2009 年，Michael Hadjimichael 将 Fuzzy Expert System（模糊专家系统）应用于航空风险评估中，并且建立起了飞行运行风险评估系统（FORAS）应用于航空公司安全部门。飞行运行风险评估系统（FORAS）是一种风险建模方法，它代表风险因素及其相互关系，作为一个模糊专家系统。FORAS 风险模型提供定量相对风险指数，用于估计潜在危险对单个飞行操作的累积影响。FORAS 系统化了获取人类专门知识的过程，在专家系统中提供了知识的自然表达，并使风险评估过程自动化。

2011 年，Peter Brooker 将贝叶斯网络应用于航空运行安全的风险评估。2015 年 RaúlPérez-Fernández 开发一种新方法，该方法使用模糊首选项关系，通过有序加权平均聚合运算符（WOWA）进行聚合并利用扩展加权投票算法评估与人类可靠性相关的风险。

2016 年，Jacek Skorupski 将基于 Fuzzy Risk Matrix（模糊风险矩阵）的模糊仿真法应用于对航空交通事故的风险评估中，用模糊理论来描述事故发生的可能性和严重程度，并且对飞行事故进行了仿真分析。航空运输行业在运输之前会先对风险进行评估以确保航班的运行是安全的。但是传统的风险评估方法中由于事件的概率和后果的组合的分类太过于粗糙，所以 Jacek Skorupski 提出一种风险评估方法，允许表达风险使用连续数值比例。因此，提出了一个 Fuzzy Risk Matrix（模糊风险矩阵），其中结果的概率和严重性均通过语言变量表示，而模糊推理系统则进行风险评估。

在具有广泛运营领域的大型组织（例如航空公司）中进行风险评估一直是一个具有挑战性的问题。采用有效的方法与现实的情况做比较，运用组织专家的主观推论，清除推理的内在模糊性，并没有反映在目前的航空公司的安全管理中。然而，传统的二维风险评估对安全风险的风险管理已不足以适应这种复杂性。

2018 年，Masoud Rezaei 提出了一种新的风险管理模型和基于模糊方法的风险指数计算新方法。N.Borjalilu 等人基于 Fuzzy-TOPSIS（模糊-逼近理想解排序）建立起模型来评估航班飞行数据的安全风险，实现飞行数据监控。

2. 国内航班运行风险评估与控制研究现状

在民航安全风险评估与控制领域，国内相关专家也紧跟国外发展，取得了较大的进展，基本航班运行风险这类不确定事件风险的评估都是采取定性、定量相结合的方法，其主要包括：熵权、TOPSIS 法、证据理论、层次分析法、模糊综合评价法、灰色神经网络、事故树分析法、模糊隶属函数、风险关系矩阵、SHELL 模型、模糊专家系统、中介真值程度度量法、模糊认知图（FCM）、网络层次分析法（ANP）、决策试验与实验室法（DEMATEL）、主成分分析法（PCA）、贝叶斯网络。

1999 年，孙瑞山等人运用定性和定量相结合的办法，从“人、机、环境”三个方面进行安全评估，首次将风险评估应用到航空公司的航班安全中。

2005 年，陈团生等人通过改进的熵权法来确定指标的权重，克服了传统 TOPSIS 法的主观性。2007 年，丁松滨等人为解决航空公司安全系统风险评价中的不确定性问题，将证据理论引入建立起相应的指标体系以及风险评估算法和模型，并通过实例验证计算确认其可靠性。

2008 年，曾亮等采用层次分析法、模糊评判和加权平均三者相结合的方式对航空公司不安全事件风险进行评估。2009 年，勒慧斌等人使用模糊层次分析法研究航空公司安全评估这类模糊问题中安全评估指标的权重的设定问题。

2010 年，文军使用模糊综合评价法（FCA）来对航空公司安全系统风险进行评估和研究。王衍洋将灰色神经网络（Gray neural network）应用于航空运行风险评估领域，建立了运行风险的非线性在线模型，模型输入风险监测指标，输出安全指数作为评估，并且编写了软件进行仿真模拟计算与实际运行互为验证，提出了民航风险评估的新方法、新工具。

2014 年，王岩韬等人采用事故树分析法（FTA）以及基元分析法对签派放行体系从人、机、环三个方面构建运行风险指标体系，然后结合模糊隶属函数和风险关系矩阵对指标体系进行计算，选取样本数据实例验证，最终得到了可靠的航班运行风险评估体系。

2016 年，魏孝强航空器运行 ADS-B 数据应用到运行风险评估中，这样获得的算法能够更好地结合管制终端区空域和进离场结构，对终端区实际运行进行合理的风险评估，对于减轻管制员工作负担，班长终端区航班的运行安全具有重要的意义。2017 年，刘宁敏在风险管理理论的基础上，按照航班运行的三个阶段进行风险识别，基于 SHELL 模型识别风险源，采用层次分析法（AHP）来建立指标层级体系，然后建立模糊专家系统（Fuzzy Expert System），配合风险关系矩阵求出最终的风险值。这为航班监控阶段的风险评估提供了一种参考。

2017 年，陈晔、陈萌等人应用模糊认知图（FCM）和网络层次分析法（ANP）建立航班风险评估模型，采取构建影响关系矩阵的方法对指标间的影响关系进行量化测量，并进一步采用决策试验与实验室法（DEMATEL）分析主要影响因素，然后设计改进方案，重新计算不同改进方案的效果，实现风险的主动管控。

2018 年，谢华等人基于中介真值程度度量采用模糊综合评价法对航班起飞前风险评估进行研究，对不同指标的真值程度和相关参数进行设置，并且据此建立模糊评判矩阵，最终对起飞前风险进行计算，且通过实例验证确保其可靠性。朱学华在使用熵权法确定指标权重的基础上分别应用模糊综合评价法（FCA）和中介真值程度度量（MMTD）对航班风险进行评估，为风险评估提供了新的思路。

2019 年，蒲天佐基于安全管理（SMS）理论，提出了对航空公司安全管理体系建设的改进措施和实施方案，为风险控制提供了方案参考。谷润平等人应用主成分分析（PCA）的方法对航班运行数据从风险指标体系中提取主成分，然后根据离差平方和法（Ward 法）对航班进行聚类分析（CA），进而结合主成分得分图对航班风险等级进行划分，制定相应的缓解措施。张曦等人应用贝叶斯网络和随机集理论，在航班运行风险静态分析的基础上，提出了改进的随机集贝叶斯网络模型，并且根据时间、天气等动态要素的变化对航班运行风险数据进行动态分析，实现了对动态风险的分析评估。

如图 2-3 所示为机组风险分析图。

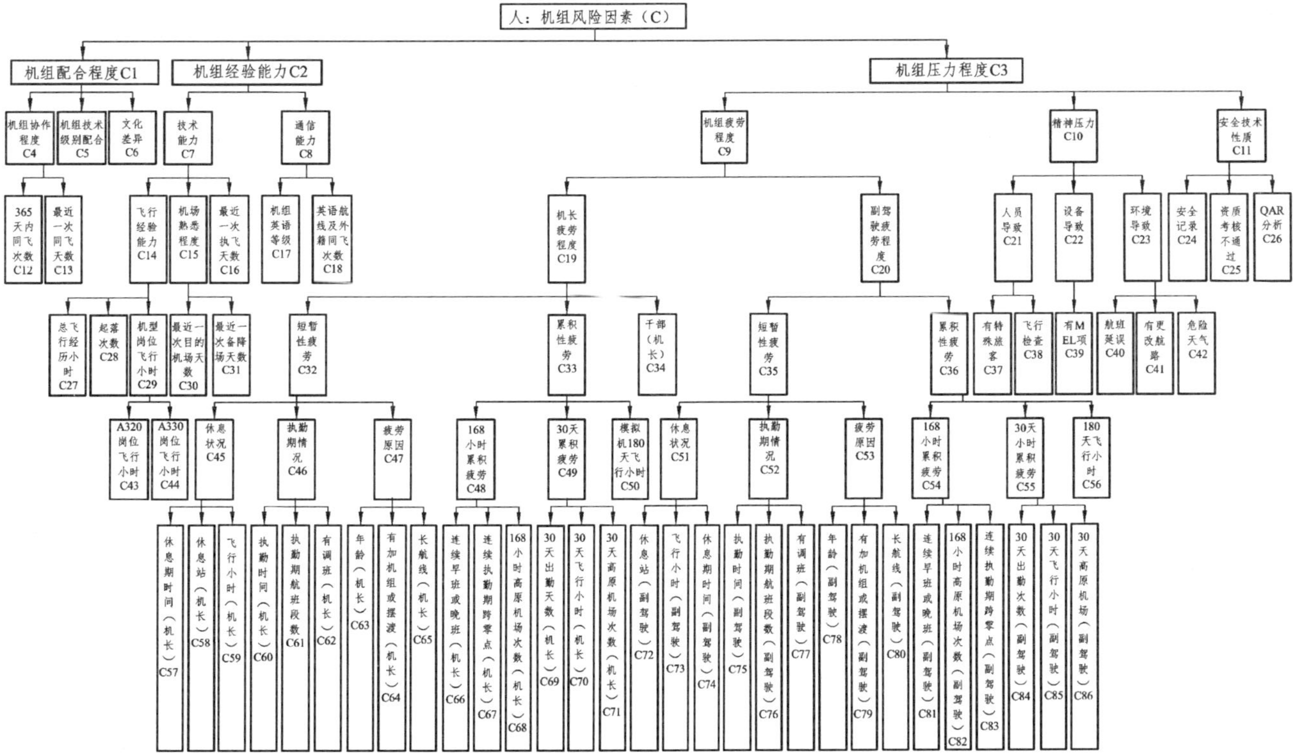
人：机组风险因素（C）
机组配合程度C1
机组经验能力C2
机组压力程度C3
机组协作程度C4
机组技术级别配合C5
文化差异C6
技术能力C7
通信能力C8
机组疲劳程度C9
精神压力C10
安全技术性质C11
365天内同飞次数C12
最近一次同飞天数C13
飞行经验能力C14
机场熟悉程度C15
最近一次执飞天数C16
机组英语等级C17
英语航线及外籍同飞次数C18
机长疲劳程度C19
副驾驶疲劳程度C20
人员导致C21
设备导致C22
环境导致C23
安全记录C24
资质考核不通过C25
QAR分析C26
总飞行经历小时C27
起落次数C28
机型岗位飞行小时C29
最近一次目的机场天数C30
最近一次备降场天数C31
短暂性疲劳C32
累积性疲劳C33
干部（机长）C34
短暂性疲劳C35
累积性疲劳C36
有特殊旅客C37
飞行检查C38
有MEL项C39
航班延误C40
有更改航路C41
危险天气C42
A320岗位飞行小时C43
A330岗位飞行小时C44
休息状况C45
执勤期情况C46
疲劳原因C47
168小时累积疲劳C48
30天累积疲劳C49
模拟机180天飞行小时C50
休息状况C51
执勤期情况C52
疲劳原因C53
168小时累积疲劳C54
30天小时累积疲劳C55
180天飞行小时C56
休息期时间（机长）C57
休息站（机长）C58
飞行小时（机长）C59
执勤时间（机长）C60
执勤期航班段数C61
有调班（机长）C62
年龄（机长）C63
有加机组或摆渡（机长）C64
长航线（机长）C65
连续早班或晚班（机长）C66
连续执勤期跨零点（机长）C67
168小时高原机场次数（机长）C68
30天出勤天数（机长）C69
30天飞行小时（机长）C70
30天高原机场次数（机长）C71
休息站（副驾驶）C72
飞行小时（副驾驶）C73
休息期时间（副驾驶）C74
执勤时间（副驾驶）C75
执勤期航班段数（副驾驶）C76
有调班（副驾驶）C77
年龄（副驾驶）C78
有加机组或摆渡（副驾驶）C79
长航线（副驾驶）C80
连续早班或晚班（副驾驶）C81
168小时高原机场次数（副驾驶）C82
连续执勤期跨零点（副驾驶）C83
30天出勤次数（副驾驶）C84
30天飞行小时（副驾驶）C85
30天高原机场（副驾驶）C86

图 2-3 机组风险分析图

第三章
人为因素与航空公司安全管理

随着飞机的出现，交通运输的模式发生了巨大的变化。航空运输以方便、快捷的优势吸引着大量的旅客。世界间的距离随之缩短，然而航空安全一直是困扰着人们选择出行的一大难题。在航空运输发展的初期，由于飞机本身的机械故障而引发的飞行事故居高不下，占据主要原因。近几十年来，随着科学技术的不断发展，新材料的大量使用，飞机已是高新科技的代表作，自身的安全系数不断提高，但由于人为因素而造成的航空事故比例大大增加。据统计数字显示近七成事故由人为原因导致，成为制约航空安全的最大障碍。这一现象已引起业内专家的高度重视，加强对人为因素的研究，从而有效降低人为因素的安全隐患，达到提高航空安全水平的目的。

航空安全是一个系统工程，包括人、机、环境三大环节，航空公司运行管理的影响因素如图 3-1 所示。随着科技的不断发展，运行环境的不断完善，人为因素已成为制约航空安全水平的首要环节。

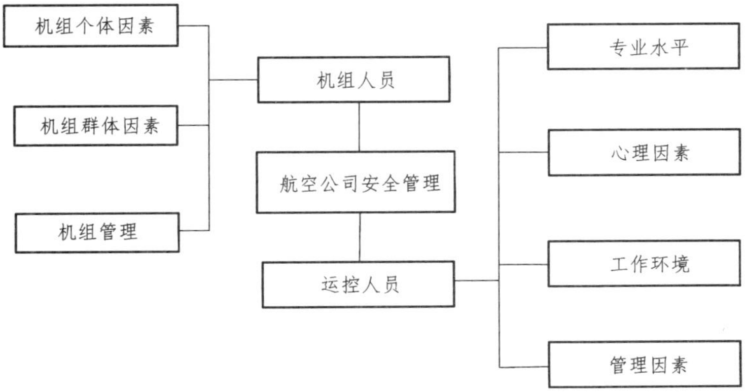

图 3-1　航空公司运行管理的影响因素示意图

第一节　机组人员导致的不安全因素

一、机组个体因素

众所周知，航空器是诸多尖端科技的综合产物，以高速安全的特点帮助人类实现了许多梦想、缩短了世界各点之间的距离、加强相互之间的联系、加速了社会文明的发展。在享受这些便捷的同时我们也应该意识到它的复杂性和挑战性，航空人员是不同于一般群体的特殊人员，航空器的特点决定了他们必须具备高度的专业素质和精湛的驾驶技术，不但要全面了解相关学科的专业知识还要对航空器的工作原理谙熟于胸，不但要熟知各个系统机动而且还要能够从容应对特殊情况的发生，发扬人的聪明才智，发挥飞机的最大性能，从而确保航空安全。影响机组个体人员的因素主要分为以下几个方面：

1. 心理素质造成的个人失误

心理素质造成的个人失误，主要是由安全心理上的错觉造成的失误。主要表现为有些飞行人员心理素质不好，遇到紧急突发性问题和特殊情况时往往处理不当，造成了各种航空事故和事故征候。飞行员的手中掌握着飞行安全的主要责任，如果心理素质不好，就有可能发生安全事故。根据相关资料表明，一家航空公司的波音 737 飞机，在一次夜间雨中进近着陆过程中发生了一起事故。这起事故，就存在着飞行员心理素质不佳的问题。在当时的天气条件下，如果是由一个训练有素、心理素质好、经验充分的飞行员来进近着陆，那么事故就可能避免。也就是说这次事故，是由于遇到复杂的天气条件飞行员心理素质不好而发生的。

2. 人为过失造成的个人失误

人为过失造成的个人失误有多种情况。有的人是安全意识不强，出现人为失误；有的人是在正常状态下，出现了人为的偶发失误或发生的随机失误，或下意识发生了人为失误或人为意识不足；有的人是在不稳定状态下，由于意识低下与精力不集中，心理上受到刺激，或生理上疲劳与体质衰弱等，从而造成了人为失误。而条件造成的个人失误，主要表现在航空运输环境方面。有的是在环境恶劣的情况下，诸如大风、雷雨等，从而导致了个人失误；有的是在紧急情况下，诸如遇到特殊情况又无经验等，从而引起了个人失误。例如，某执行香港—大连航班，机组在广州管制区域，由于副驾驶吸烟，为防止烟味扩散到客舱，在没有通知机长的情况下，准备关闭客舱再循环风扇，但却误关了相邻的空调组件开关，导致座舱高度告警，机组按紧急释压程序处理，释放客舱氧气面罩。在下降到 3 000 米高度后，机组发现问题，重新接通空调组件，增压恢复正常，继续飞往大连安全落地。虽然最后是安全落地，但是副驾驶个人不负责的行为对乘客的安全造成了严重的威胁，个人意识不足导致整个机组受到牵连。

3. 技术不熟练造成的个人失误

技术不成熟造成的个人失误也存在多种情况。有的是判断错误，造成了个人失误；有的是操作错误或违规操作，也造成了个人失误。由于缺少业务理论知识以及技术技能的不足而发生事故的教训也是很深刻的。这从某航的空客的事故中就可看出。因为这一事故是机组在进近中复飞时因飞机姿态过大失控，失速坠毁在机场附近。国际民航组织及国际航空运输协会的研究表明，该问题是由于机组技术熟练性不足以及航空系统知识缺乏所致。相关资料表明，航空系统和程序知识的缺乏造成的事故在高度自动化的航空器上发生的频率增加了 4 倍；造成这一问题的原因在于航空器日益复杂，并且飞行员在操纵现代化的航空器时由于缺乏适应性训练，技术还不成熟。由此可见，熟练的飞机操作技术是对飞行员最基础的要求，也是最重要的要求。

二、机组群体因素

机组群体行为失误的成因错综复杂，但其共性是由于人的机能不确定性与飞机或航空环境等因素相互作用而产生的。航空飞行要求多工种协同工作，因而飞行组和乘务组之间、各机组成员之间必须具有高度的协调性，这使群体心理的作用十分突出。机组群体心理的影响主要表现在群体意志影响成员的行为。主要分为以下几个方面：

1. 职责不清，管理低效

在当代民航的机组群体中，已从机长命令成员服从的阶段，转变为机组自觉执行飞行手册的规定，机长分权给其他成员的机组密切协作阶段。有必要健全标准程序，落实各项管理规章。要发挥机长的核心作用，关键在于培养和强化机长的组织管理能力，明确各机组成员的岗位职责，合理分工、授权与监控，从而预防和减少群体行为失误，确保飞行安全。

2. 配合不良，人际关系失调

在飞行过程中，机组成员团结协作、配合默契，就会产生“1+1>2”的增幅效应；反之，机组成员各行其是，互不协作，就可能导致群体行为失误，甚至酿成飞行事故。某航空公司的一架 A300 客机在济州岛准备降落时遇大雨，加拿大籍的机长要着陆，韩国籍的副驾驶要复飞，两人争执不下导致动作不协调，且没有采取减速措施，飞机高速接地后冲出跑道，撞上防护栏起火烧毁。由于机组成员之间发生认识上的冲突而导致配合不良，以及决策失误和操纵不当，导致了这起典型事故。要从根本上解决问题，应当建设安全文化，形成安全意识；协调机组的人-机-环境关系；开展机组配合训练，如敏感性训练、组队训练等，促进机组团队建设等。

3. 沟通不畅，信息失真

群体沟通的障碍主要表现在语义的障碍、知识经验的局限、需要和动机等心理因素的影响、知觉的选择性等方面。比如，民航用英语通话是同国际接轨的有效步骤，但英语一词多义，存在着误解的可能性。典型的教训是 20 世纪 90 年代初，国外一架波音 747 飞机因驾驶员将“Descent two four zero zero”误听为“Descent to four zero zero”，导致毁灭性的空难。由于飞行组和乘务组之间缺乏沟通，也可能导致飞行事故的发生。国外一架双发喷气客机进入夜间巡航阶段不久，飞行组突然感到飞机抖动并闻到烟味。由于认为右发动机提供驾驶舱的空气，而且它曾发生过故障，飞行组错误地判定右发动机出现故障，故关掉右发动机并广播通知乘客。然而乘务组和乘客却清楚地看到左发动机在冒烟喷火。因飞行组通告后不要求乘务组反馈，而乘务组发现异常后未主动与飞行组沟通，使飞行组没能纠正失误，结果导致机毁人亡。因此，消除信息沟通中发信、编码、传输、译码、接收及反馈各环节的障碍，减少信息失真或失效，改单向沟通为双向沟通，是达到有效的群体沟通的基本途径。

在一个遵纪守法的机组中，个别倾向冒险的人会在群体的压力下注重飞行安全；如果在一个安全意识不强、漠视安全的机组群体里，少数平时遵规守矩的人也会逐渐顺从群体的违章行为。群体规范作用的强弱取决于群体安全意识的强弱。在安全意识较强的机组群体里，成员大多能保持安全正确的操作行为；相反，在安全意识薄弱的机组群体里，成员们为了抢时省力或自我表现，往往倾向于不安全行为或违规操作而导致失误。

三、机组管理因素

机组管理强调机长与副驾驶之间的协作、配合，沟通是协作与配合的桥梁。沟通是最重要的内容。机组资源管理（CRM）是利用一切可获得的资源（人、设备、环境和信息），通过防止或管理机组人员的差错来改善安全的方法。机组群体行为失误很多都是由于机组资源管理（CRM）失控引起的，主要包括机组配合不良和信息沟通不畅两个方面。

一方面，机组配合不良、人际关系失调会导致机组资源管理（CRM）失控，从而造成航空事故。在飞行过程中，机长是机组的核心，是保障安全的关键。在飞行中副驾驶所能起到的作用远远小于机长，尊重机长的权威是每一个副驾驶都应该正视的。在驾驶舱中，任何冲突都会明显地降低机组之间的工作效率，同步协作将会立即消失，团队协作和各自的工作都会被打乱，导致决策失误和操纵不当，从而产生航空事故。

另一方面，沟通不畅、信息失真也是引起群体行为失误的主要因素。

群体沟通的障碍主要表现在语义的障碍、知识经验的局限、需要和动机等心理因素的影响、知觉的选择性等方面。比如，误听、语意理解错误就会引起机组在信息处理与决断时的失误。误听的主要原因是说话者的发音和语气不规范，一般发生在简短的对话中。因为这时没有更多的上下文语意联系。这时候一定要做好沟通，及时反馈、复述是减少失误的最有效手段。

航空飞行是一项复杂的系统工程，来自 150 多个工种的信息流源源不断地流向驾驶舱，只有发挥机组群体的总体力量，明确分工，密切合作，才能全面地处理纷繁复杂的信息并转化为合理的行动。针对当前我国民航机组管理的问题，关键在于建立民航交通灾害预警系统，在航空公司、机场与空中管制机构中，构建一种能对同性质民航事故具有免疫功能的机制。通过对民航交通环境、飞机运行状态、机组行为及航空公司安全管理进行过程监测与信息处理，并运用评价指标体系对监测信息进行分析，识别民航安全生产活动中各类灾害征兆和事故诱因，及时采取预警预控对策。关于机组行为失误的心理分析，有利于建立机组行为的评价指标模块，据此对机组行为进行监测、识别、诊断和预控，能有效地预防和矫正机组行为失误。

四、人为失误预警管理系统构建

首先，航空公司通过对由机组个人和群体行为失误所造成的各种民航灾害征兆进行识别。全面地记录和收集机组在飞行过程中发生的心理、情绪波动和行为失误，拟定出机组人为失误的预警指标体系，即确定具有一定代表性和灵敏度的预警指标并界定出预警的范围。在预警指标体系中，有些指标便于直接计量，比如机组成员技术考核不合格率、操作违规率、操纵失误率等，则可以根据飞行品质监控记录的相关数据设定预警指标的安全区域和初等危险及高度危险的报警区间。对于那些难以直接计量指标，如机长身心健康状态、机长组织管理能力、特情处置失当等，可以采用因素预警的方法，即当某一机组人为失误的征兆因素出现时，就发出报警信号。

其次，构建有效的预警管理机制，主要由预警分析、预控对策两大部分构成。预警分析是对机组人为失误的各种早期征兆进行识别、诊断与评价，并及时予以警示的管理活动。预控对策则是对机组人为失误征兆的不良趋势进行矫正、避防与控制的管理活动。

其中，预警分析包括监测、识别、诊断、评价四项内容：监测是预警系统工作的前提，是针对引起机组个人和群体行为失误的关键因素而进行的过程监测与信息处理；识别是依据事先建立的预警指标对监测信息进行分析、比较，判断机组行为是否出现失误的征兆和诱因，以决定是否发出警报；诊断则是对已识别的征兆进行成因分析，分清现象的主次，指明危险性和造成机组人为失误的主要诱因；最后，在诊断的基础上，对机组人为失误征兆的不良后果作损失评价，一般从经济损失、对航空公司安全运营的危害、对组织形象和文化的负面影响等方面评估各种显性与隐性成本。

预控对策是对机组人为失误的早期征兆进行矫正与控制，主要包括组织准备、日常监控和危机管理三大对策库的构建。组织准备包括制订开展预警管理活动的有关制度、标准和规章，其任务主要是为机组人为失误的危机管理提供组织训练和对策准备，为预控对策活动提供有保障的组织环境。日常监控是对由民航机组个体和群体行为失误所造成的灾害诱因进行实时监控的管理活动。其任务：

一是日常对策，预先控制由民航机组个体和群体行为失误所造成的民航灾害征兆的不良趋势，使之向良性趋势扩展。如发现有机组人员的人为违规事件，应该由公司或飞行部组织讲评，造成人为差错的，按差错标准进行处罚；够不上差错但性质严重的，暂停飞行。责任机长由飞行部组织规章学习，安技部进行考试并带飞数个航段，检查合格后方可单独执行任务；见习正驾驶、副驾驶延长带飞时间。

二是危机模拟，模拟可能发生的危机状态，提出对策方案以防患于未然。

当日常监控已无法扭转民航灾害征兆向劣性趋势发展时，就需要以特殊的危机对策和应急措施启动危机管理程序。一旦进入机组人为失误的危机管理阶段，新成立的危机领导小组将取代日常管理中的决策层，提出危机对策方案并组织人员具体实施。如果预警和危机管理的结果有效地遏制了机组成员的人为失误，空中飞行将恢复正常，否则就会因机组人为失误造成一定程度的飞行事故。

第二节　运控人员因素

一、运控人员对航空安全的影响

1. 运控人员专业水平因素

航空业对运控工作人员的专业素养有着较高的要求，专业知识必须过硬，在危险来临时能够针对问题迅速做出应对和决策，熟悉各项设备的使用方法，能够与其他人员进行紧密的配合，机智处理各项问题。若理论知识掌握不足，在面对问题时则无法迅速做出反应，无法满足民航业的工作要求。

2. 运控人员心理因素

由于航空业是一项风险较高的行业，不确定因素较多，要求相关的航空运控人员应具备较强的心理素质。在遇到问题时若出现慌乱的情形，可能会出现决策失误的情况，导致飞行事件处理效率降低，增加了飞行的安全隐患。

3. 运控人员工作环境因素

航空运控人员在开展各项操作时，通常是通过电话、无线电通信进行沟通，如果所处环境嘈杂拥挤狭小，必定会影响运行人员的情绪，进而对沟通产生影响，长期处于沉闷的环境中，还会对工作人员的身体健康造成较大的影响进而降低工作效率，在面对问题时无法迅速做出应对反应，增加运行风险。

4. 运控人员管理因素

每个行业都有其既定的规则，工作人员遵守行业规则，才有利于确保工作的稳步进行。航空业是一项危险系数较高的行业，对工作人员的专业素质提出了较高的要求，将保证飞行安全、避免人为差错及提高经济效益作为重要内容。航空企业的领导应明确了解现阶段航空业的发展现状及未来的发展趋势，重视员工教育工作，加强对员工进行培训和管理，在航空业工作的人员需要严格按照相关管理制度要求开展各项工作，以保证飞行的安全性。

二、人的行为容易发生差错情况

（1）组织机构、规章制度、工作机制不健全。

（2）管理松懈，缺乏组织的强制性，人员又没有养成自觉地、全面地执行规章制度的良好习惯。

（3）在情况特别复杂或紧急的情况下，人员要同时或较短的时间内处理的事项在一件以上时。

（4）人手缺乏或人员高度疲劳时。

（5）情况发生变化，原有的动态平衡被打破（社会状态、企业状况、组织机械、人事安排、福利报酬、人员变化、装备更新、任务变化、工作场地、气象条件、季节变换、重要节假日前后、人员的思想、心理状态、身体状况、环境条件、运作环节、工作条件受到影响），需要重新协调平衡时。

（6）经过较长周期的安全稳定，管理人员和生产人员产生麻痹松劲情绪时。

三、运控人员差错的成因

1. 法规因素

航空法规是从事航空运输的行为规范，没有规矩不成方圆。从初始签派学员到成熟的签派员要经历许多法规制度的培训，其中包括《民航法》《公司运行手册》《安全管理手册》等。所有这些都是保证航空人员在一定的环境和范围内，合法合理地行使权力履行义务的行动指南，也就是我们所讲的行为规范化和法制化。所有法规都是根据民航发展的需要从实践中总结出来的宝贵经验，还有些是从惨痛的教训中提炼出来的精华，作为一名职业的签派员必须充分学习并全面掌握，知道什么可以做、什么不可以做以及应该怎么做。

在熟知法规的基础上更要求签派员要严守规章，不能明知故犯。在过去的历史中有许多经验教训，重视法规制度的严肃性和必要性，才能保证飞行运行安全。

然而仅仅做到熟知和严守法规制度还远远不够，由于事物在不断地发展，法规制度只是过去行为的沉淀，相对新鲜事物具有滞后性，需要推陈出新，不断发展和完善。在面对新情况时不应该局限于现有的经验和法规，要勇于探索和进取，冲破旧有法规的约束而获得更高的安全性，这也正是法规制度发展和完善的必然过程，事物发展的客观规律。

2. 人员管理差错

人是世间最复杂的生命体，因具有思想性及社会性而不同于其他群体。现代的航空器均配置多人制机组，如何正确处理不同个体之间的关系，发挥出“1+1 > 2”的功效。“人无完人，金无足赤”，是由事物的本性决定的。统计数字表明近年来发生的重大事故多为管理沟通不足失误造成的，因而正确处理运控人员与机组之间的关系将对保证航空安全起到重大的促进作用。例如，某航空公司，因公司计划延误 6 个多小时，放行签派员根据天气预判在航班应加油量的基础上额外多加了 1800 kg 燃油，飞机 15:29 起飞后在之前空管未有任何通知的情况下，飞机在衡水上空，带班主任接到通知广州区域限制不接收该航班，同时北京区调已指挥该飞机备降济南。在当日值班经理的带领下，签派第一时间向广州区域了解原因，积极协调总调华北区调、济南进近和塔台、广州区调等管制单位，同时保持与机组的联系，并将协调情况及时地通报机组，计划席位持续监控飞机位置、油量、高度，经过大家通力配合，积极协调，终于在 16:30 取消了对 NS3203 的限制，多加的 1800 kg 额外油量正好保障了该航班的继续运行。此次案例中签派在得到备降通知后积极了解情况协调相关单位，并同时监控飞机油量位置，对于已知的备降情况主动了解、主动协调，避免了一次备降，为公司节约了成本。良好的人员管理不仅对航空安全有重要的作用，而且对航空公司的利益有着重要的意义。

四、为保证安全运行的建议

1. 建立良好的沟通环境

驾驶舱机组之所以设置为多人制，其根本原因在于通过相互提醒而弥补过失达到保证安全的目的。只有建立良好的沟通才能事半功倍。一个人发现问题要让全机组都知道，信息共享才能群策群力，一个人做事也要得到其他人的证实，防止决策失误出现偏差。

2. 机组间合理分工

通常一次飞行任务是由多个单元组成，涉及运行的方方面面，以一人之力难以完成，应当合理分配任务，发扬团队精神，避免过度疲劳和无所事事，研究表明以上两者都会降低人的处境警觉意识和主动参与的愿望，对飞行安全不利。良好的处境意识可以帮助机组做出正确的决策，化险为夷。

3. 正确处理机组成员间的关系

机组成员之间是相互配合、相互信任、相互协作的关系，应当相互尊重意见和建议。尤其机长更应当充分听取机组成员的建议，广泛收集相关信息，集思广益做出最合理明智的决定。居高临下、独断专横的态度及做法在多人制机组间的配合上十分有害，可能会导致其他成员震慑于机长的所谓权威，想到了不想提出来，看到了又不敢说出来，对航空安全极为不利。营造和谐的驾驶舱环境及融洽的机组成员间关系是我们应当努力追求的目标。

4. 正确决策

在航空运行中，决策能力十分重要，而决策能力是通过飞行员或签派员熟悉规章，以及大量的经验不断锻炼出来的，正确的决策不仅可以为航空公司免去因延迟、备降等造成的经济损失，而且还可以避免航空事故。大量的事故研究表明，大多数事故都是可以通过正确处理避免的，这就要求机组在遇到紧急情况时能够正确决策，否则功亏一篑，造成重大损失。

第三节　签派员的工作负荷分析

飞行签派员工作负荷主要是指持有飞行签派员执照的飞行签派员在放行席位或运行控制席位上承受的心理压力和生理压力，包括生理负荷和心理负荷。这些负荷的大小不仅影响飞行签派员的工作效率，还会对航班的运行安全造成潜在的隐患。了解和熟悉飞行签派员工作负荷，能更好地建立飞行签派员工作负荷指标。

1. 签派员工作负荷定义

签派员的工作负荷既与工作量相关，又与其工作内容直接相关。我们可以将签派员的工作负荷定义为：签派员工作负荷是指签派员在单位时间内承受的工作量，体现了对签派员工作任务在数量和质量上的共同要求。

签派员工作负荷主观定义：签派员在执行飞行监控任务时所承受的心理压力和脑力活动。工作内容主要与难易程度和工作强度有关，在其他条件一致的情况下，工作越难，强度越大，所需的时间越长，自然工作负荷也就越大。

签派员工作负荷客观定义：由于执管航空器对签派员形成了客观任务的需求，签派员因此承受了身心两方面压力，而压力的缓解导致时间的消耗，该时间长短即表示工作负荷的大小。

2. 签派员工作负荷分析

依据 CCAR5 部《民用航空签派员执照管理规则》，签派员具有航班放行权，应遵照相关政策规章，按照工作中规定的程序完成工作任务，其工作内容包括：制作飞行计划、飞行计划申请、天气评估、机组资源评估、飞机适航评估、航班放行、飞机动态监控、不正常航班处理、航班协调、重新签派放行等。签派员工作负荷与航空运行安全有着十分密切的联系，而对于签派负荷的评估国际上通用的主要有 SWAT 与 NASA-TLX 方法。其中，SWAT 方法主要针对主观性的工作负荷，包含三个方面：时间负荷、精神投入负荷和心智的压力。目前最常用的是美国航空航天局提出的 NASA-TLX 方法。NASA-TLX 方法是一种多方面主观衡量工作负荷的指标，包括六个子指标：心智需求、体力需求、时间需求、绩效水平、努力和挫折感等六项。1984 年国外专家提出了评估 ATC 扇区容量的“DORATASK”方法和“MBB”方法，部分研究者提出需求—资源模型，认为当工作要求和所拥有的资源不匹配时，个体就会感受到压力。本节通过用时间作为衡量飞行签派员的工作负荷的指标，建立如下签派员工作负荷模型。

3. 建立签派员工作负荷评估模型

（1）初始负荷模型。

通过以上分析，得到如下签派员工作负荷模型：

$$L(t)=L_{交流}(t)+L_{思考}(t)+L_{操作}(t) \tag{3-1}$$

式中 t——签派员执勤时间；

$L_{交流}(t)$——与其他飞行签派员、气象专家、机组、飞机排班、机务维修、机场运行、客户服务等部门人员通过电话、电报、高频、甚高频、ACARS 等手段共享信息，以及向空中交通管制、空军管制部门等进行信息咨询；

$L_{思考}(t)$——机组评估，机场评估，飞机适航评估，起飞/落地性能评估，天气评估；动态监控；航班计划调整；不正常航班恢复的决策等；

$L_{操作}(t)$——操作电脑，查询机场、机型、航路、天气、通告等信息；计算油量；制作飞行计划；航班计划调整；记录不正常运行信息；向各部门发布不正常运行信息，接受或发送天气等信息；填写交班记录等。

（2）建立签派员工作负荷模型。

$$L_i(t)=N_i(t)\times(\overline{L}_{交流i}+\overline{L}_{思考i}+\overline{L}_{操作i}) \qquad i=1,2,\cdots,11 \tag{3-2}$$

式中　$N_i(t)$——时间段 t 内，第 i 项任务发生的次数；

$\bar{L}_{交流i}$——第 i 项工作进程中，交流负荷的权值；

$\bar{L}_{思考i}$——第 i 项工作进程中，思考负荷的权值；

$\bar{L}_{操作i}$——第 i 项工作进程中，操作负荷的权值。

其中，$\bar{L}_{交流i}$，$\bar{L}_{操作i}$通过统计计算多个签派员每个任务所花费的时间（从监控视频上直接获得），然后取多次统计数据平均值作为权值；$\bar{L}_{思考i}$可以通过问卷调查的方式获得。

设时间段 t 内签派员的总工作负荷为 $L_T(t)$，可以得到：

$$L_T(t)=\sum_{i=1}^{11}L_i(t) \tag{3-3}$$

结合式（3-1）和式（3-2），得到总工作负荷的详细模型：

$$L_T(t)=\sum_{i=1}^{13}iN_i(t)\times(\bar{L}_{交流i}+\bar{L}_{思考i}+\bar{L}_{操作i})\quad i=1,2,\cdots,11 \tag{3-4}$$

第四章
飞行品质监控与航空公司安全管理

第一节　飞行品质监控

一、我国民航飞行品质监控的安全管理现状

中国民航从 1993 年开始研究飞行品质监控技术，1997 年中国民航实施了飞行品质监控工程（QAR 工程），开始在行业内广泛推广应用，中国成为世界上第一个强制进行飞行数据分析工作的国家。飞行品质监控作为民航安全工作一项重要的基础性工作，近十几年来，伴随着我国民航的发展，从无到有，从小到大，逐步加强，在全行业的高度重视下，飞行品质监控工作取得了明显进步，主要表现为：

（1）法规规章不断完善[1]。1997 年，民航局颁布适航指令 CAD1997-MULT-38，规定从 1998 年 1 月 1 日起，在中国境内注册并营运的运输飞机应当安装快速存取记录器（QAR）或等效设备。2000 年 12 月 15 日民航局航空安全办公室颁布了《飞行品质监控工作管理规定》从“设备和监控要求”“机构设置和人员”“运行”三方面提出了工作要求，对飞行品质监控工作进行了规范。2010 年 1 月 4 日颁布的中国民用航空规章《大型飞机公共航空运输承运人运行合格审定规则》（CCAR-121-R4）以规章的形式对飞行品质监控提出了要求。2012 年 2 月 15 日，民航局颁布了《运输航空承运人飞行品质监控（FOQA）实施与管理》咨询通告，该咨询通告的颁布实施，标志着飞行品质监控工作将正式纳入中国民航运行管理。2017 年 10 月 10 日起实施的中国民用航空规章《大型飞机公共航空运输承运人运行合格审定规则》（CCAR-121-R5）对飞行品质监控提出了更为完善的要求。

（2）航空公司飞行品质监控工作不断提高。航空公司积极贯彻和落实民航局飞行品质监控工作的各项法规规章，逐步规范和完善了飞行品质监控各项工作。航空公司组建了专门的飞行品质监控部门，建立了公司层面的飞行品质监控系统，同时建立和完善了飞行品质监控工作制度和程序，从 QAR 数据采集、超限事件分析和验证、信息使用和管理等方面建立了规范化的工作程序，相关部门和个人按照权限了解公司和个人的飞行操纵品质和安全运行趋势，尽可能早地将预防纠正措施落实到后续的飞行任务中去，切实提高飞行操纵品质，使飞行品质监控工作成为航空公司的一项基础性、预防性的安全管理工作。

（3）在全行业建立了一支飞行品质监控专业队伍。开展飞行品质监控工作离不开一支专业、敬业的高素质队伍，这些专业技术人员不但需要有计算机、飞行、机务等方面的专业知识，还需要有丰富的事件分析经验，这都是在平常的工作中点点滴滴积累而成的。目前，全行业飞行品质监控队伍建设不断加强，目前已形成了以安全管理专业人员、资深飞行员、机务维修人员以及飞行品质监控工程技术人员为主的飞行品质监控队伍体系。

（4）机载 QAR 设备及地面分析系统不断改进。先进的技术设备是飞行品质监控工作的物质基础。航空技术的日新月异和运行环境的不断变化，要求我们不断采用先进技术，更新设施设备。近年来，航空公司加大投入，一些已经更换了无线 QAR 设备，不仅飞行数据记录参数的数量、采样频率、记录精度显著增加，而且飞行数据获取的便捷性也得到改进，同时还降低了成本，航空公司的航班监控率显著提高。此外，航空公司在地面分析系统上也有很大的投入，更新改造了老旧设备，一些航空公司还将飞行品质监控系统与飞行准备系统、运行控制系统、SMS 系统数据交联，显著提高了数据的综合利用和分析能力。

总之，经过多年的摸索和实践，我国民航飞行品质监控工作从机构设置、整章建制、人才培养、设备改进以及技术发展等方面都取得了很大进步。由于飞行品质监控提供了大量真实、准确、客观的实际飞行数据和分析信息，与其他安全管理的方法相比，它具有独到的作用，在发现和解决安全隐患方面成效显著，为保证行业持续安全做出了重要贡献。

在肯定成绩的同时，也应该看到飞行品质监控工作存在的一些问题，主要表现在以下几个方面：

（1）飞行品质监控工作政府管理力度不足。目前，航空公司飞行品质监控系统属各自运行状态。不同航空公司之间即使同一机型，运行环境相似，但由于航空公司使用的监控系统不同，数据库版本不同，采用的监控标准不同等种种原因，飞行品质监控结果不同；同时，航空公司向局方上报的统计数据和趋势信息不足，政府监管部门无法使用飞行品质监控结果开展综合分析，从而全面掌握行业飞行品质运行状态。

（2）飞行品质监控信息行业交流和共享不足。目前，飞行品质监控结果仅在航空公司内部使用，在行业层面的交流和共享严重不足。因此，通过一些航空公司飞行品质监控结果反映的行业运行的共性问题无法得到重视，飞行品质监控工作的潜在作用远远没有发挥出来。

（3）飞行品质监控信息缺少深层次的分析和应用。目前飞行品质监控项目基本上是单一事件的监控，没有考虑飞行数据之间的相互关系以及飞行数据与运行环境之间的关系，没有开展各类超限事件在当前运行环境中对安全飞行的风险定量分析研究。

（4）一些航空公司不能正确使用飞行品质监控结果。有的航空公司不能正确认识飞行品质监控工作的地位和作用，把主要精力放在处理违章违纪案例上，使得飞行员在飞行操作中变得过分“谨慎”，一定程度上削减了飞行员处置特殊情况的裕度。

（5）飞行品质监控人员缺少必要的培训和资质管理。一方面各航空公司从事飞行品质监控工作的人员数量不足以及水平参差不齐，一些人员专业化程度低，缺乏数据分析的经验积累，相关分析比较肤浅，找不到问题的实质，综合素质有待提高。另一方面行业缺少持续性、系统化的飞行品质监控方面的培训和考核，对飞行品质监控人员缺少行业统一的资质管理。在飞行品质监控培训和人员管理方面，政府应有更多的责任，多监督和多指导。

（6）CCAR-135 部运行飞机的运营人的飞行品质监控工作有待加强。目前按照 CCAR-121 部运行的航空公司都建立了飞行品质监控工作，运输飞行航班监控率达到 90%以上，但按照 CCAR-135 部运行飞机的运营人的飞行品质监控工作基本上还没有开展，飞行品质监控体系不健全。如公务机等一些飞机没有开展飞行品质监控或监控率低，飞行中的安全问题无法监控，亟须建立相应的监控项目和标准，利用技术手段保证飞行安全。

二、飞行品质监控的安全预警管理思路

在现阶段的发展中，民航飞行品质监控的目标就是要加强对飞行机队的技术发展趋势，对于一些可能影响飞行安全的超限时间进行及时发现，对于一些具有争议的超限事件要提供科学有效的依据，同时要为飞行安全、飞行人员的相关技术管理提供有效的参考依据。在实践中基于预警管理的角度来说，飞行品质监控在实践中对于飞机的实际运行状态以及相关操作人员的相关行为进行及时监测、识别以及诊断，可以及时报警以及预先控制，进而在实践中预防以及及时矫正相关飞行人员在飞行过程中的行为失误。在实践中强化飞行品质监控管理的相关管理预警，是航空公司安全预警系统的重要内容与构成部分。

航空公司安全预警系统主要就是对于民航的环境、飞行运行的实际状态、操作人员行为以及航空公司的安全管理进程进行系统的监测与管理，在实践中通过评价指标系统对其进行监测，加强信息分析，进而识别安全运输活动中出现的各种灾害征兆以及相关事故诱因，进而根据实际状况采取相关预警预控对策。在实践中构建飞行运行专题以及操作人员行为的相关评价指标，要融入与借鉴飞行品质监控的相关指标，通过飞行品质监控，对于民航灾害征兆问题进行及时有效的监测、识别以及诊断，同时要及时发出警报。在实践中利用飞行品质监测，可以对于飞行的实际状态、操作人员的相关行为进行系统的监测以及管理，通过监控指标分析以及预测相关信息，可以对于各种灾害征兆以及相关事故诱因进行系统的识别。预警中的重点在于在实际应用中设置相匹配的预警级别。基于相关指标数值对于飞行环境中的异常问题以及相关连锁反应进行分析，判断其是否正常，其处于的状态（正常、警戒或危险），在必要的时候进行报警处理，对于警戒以及危险状态的监控指标中要对其进

行及时系统的诊断，进而分析相关超限事件中的实际成因以及具体的发展趋势，对于其中最具有危险性及危害性的因素进行明确指出。

根据相关调查表明，在现阶段的发展中航空公司对于超限实践的主要成因进行分析的过程具有简单化的特征，对于超限时间的实际发展趋势分析还是应用传统的统计图表，通过这种直观的估计模式是无法有效了解实际状况的。对此，在实践中要探究较为可行的、精准的预测方式，对于在今后特定时间的超限事件的实际发生情况以及趋势发展进行系统的预测，进而为飞行的安全预警管理提供有效的参考，进而在根本上控制飞行品质的态势，加强总体控制，进而避免超限事件产生的各种不良后果出现的叠加问题，同时对于未被识别的致灾因素突变产生的相关民航事故问题也可以进行有效控制与管理。

三、飞行品质监控的流程与方法

1. 飞行品质监控流程

（1）建立机载数据收集与数据记载的系统。该系统由传感器、采集设备和数据存储设备构成，可实现飞行参数及数据信息的收集与记录。

（2）设置地面数据处理与分析系统；该系统能够将 QAR 数据转换为各类可用的记录分析格式，便于后续的分析统计。

（3）实现空地数据传输。航空公司需按照数据分析的时限要求，制定规范详细的操作流程，便于机务人员有效下载数据。数据的传输形式可以是人工换取、网络或者无线等方式。

（4）建立飞行监控信息数据库。以便存储相关的飞行数据，并在分析后得到的对应的信息，包括航段数据、超限事件数据等，且存储期限不得少于 3 年。

（5）航空公司进行有效评估。定期检验监控数据，对数据进行预处理，剔除错误的飞行数据信息，这是保障飞行品质监控工作的重要环节。

（6）定期提出改进措施。相关管理部门应定期根据监测到的风险，制定具有针对性的风险管控措施。

（7）航空公司持续监督。在发生风险并制定管控措施后，相应部门还需持续监控督查，观察评估风险是否在安全阈值内，确认施行的措施能够降低运行风险。

飞行品质监控工作的流程图如图 4-1 所示。

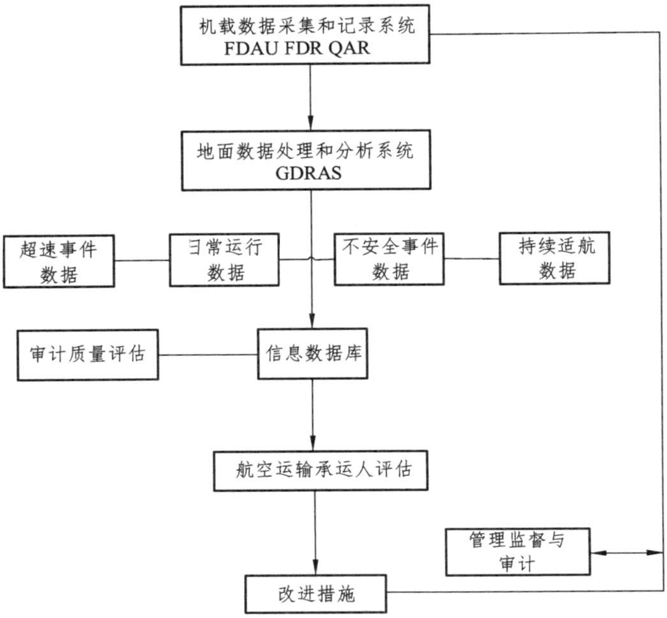

图 4-1　飞行品质监控工作流程图

2. 飞行品质监控方法

当监控参数超过规定的门限，并且超限状态持续达到规定时间长度时就发生了超限事件。本节涉及的飞行品质监控方法主要考虑基于超限时间的飞行品质监控方法研究。

中国民航总局于 2000 年制定发布了《中国民用航空总局飞行品质监控工作管理规定》，根据各类事件的严重程度对事件的严重性定出了三级严重等级，根据严重程度分为以下三类：

（1）重要事件：航空公司认定的对飞行安全有重大影响的超限事件。

（2）超限事件：超出航空公司监控标准最高限制值的事件。

（3）一般事件：超出航空公司飞行品质监控标准最低限制值，但未超过监控标准最高限制值的事件。这些超限事件就成为对飞机飞行品质进行评估的评分依据。

某航空公司波音 737 超限事件监控目标的某一部分如表 4.1 所示。对于基于超限事件的飞行品质监控研究步骤：首先，确定超限事件集。从飞行操纵特性角度出发，结合飞机性能及飞行环境对飞行事件进行原因分析，从机组、飞机状况以及环境多方面对超限事件成因进行详细描述，确定相关的人、机、环飞行参数，从而确定监控目标集，即用于飞行品质的超限事件集。通过记录在 QAR 数据中的飞行超限事件来建立飞行品质评估体系。其次，建立超限裕度及评估模型。最后，根据飞行操纵知识规则，确立各主成分的评价指标，在全航段对所选超限事件进行整体量化评估。

表 4.1 波音 737 超限事件监控目标

起飞阶段	进近阶段	着陆阶段	航班全程
转弯滑行速度大	进近坡度大 1500～500	着陆俯仰角大	直线滑行速度大
抬前轮速度大	进近坡度大 500～200	着陆坡度大	超过限制速度
抬头迎角大	进近坡度大 200～50	下降率大 2000～1000	空中过载
抬头速率大	放襟翼超速	下降率大 1000～400	下滑到 GPWS 警告
爬升速度大	放起落架过晚	下降率大 400～50	垂直加速度过大
收襟翼速度小	放起落架速度大	着陆滑行速度大	纵向加速度过大

第二节 飞机故障诊断方法

一、飞行员故障识别

飞行故障识别（Flying Stoppage Diagnosis）是指飞行员对飞机故障的诊断。前提条件是飞行员的飞行经验和知识。诊断内容是故障的来源、性质、危害程度等。有经验的飞行员对所飞机型及其故障征兆，头脑中有一个完整的概念模型。外部刺激一出现，飞行员便很快在这个模型中搜寻。外部信息的各种特征与模型中的各个不同点发生联系，最后形成飞行状态的综合表象。

根据飞行员经验的不同，识别方式可分为五类：

（1）同时识别。情境刺激与识别几乎是同时的。由于各种情境下的综合表象在头脑中已经形成，飞行员只需把过去经验中已形成的表象同当前信息对照一下，便可识别，不需要对情境进行详细分析，而且形成的表象与情境内容完全一致。

（2）思考和选择后的识别。利用有效的思维方式，对情境进行分析评估。在这种情况下，飞行员已建立各种情境下的综合表象，只是要花时间详细分析这些综合表象与当前情境的关系。

（3）寻找视觉信息后的识别。采用这种识别方式，只有仔细审核若干仪表的读数后，才能正确建立当前飞机飞行状态的综合表象。

（4）尝试动作之后的识别。不能根据非仪表和仪表信息建立当前飞机飞行状态的表象，只有通过尝试错误的学习过程，才能识别情境。

（5）混乱的动作尝试识别。无法根据任何信息，只通过尝试错误辨别飞机状态，操作动作只是一种象征性的识别过程，对飞机故障的综合表象最终也不能建立，飞行事故往往很难避免。

二、飞机智能故障诊断方法

由于在实际应用中一种单纯的故障诊断方法往往得不到理想的诊断效果，因此以重点讨论几种重要的综合智能故障诊断方法。

1. 专家系统故障诊断法

专家系统故障诊断法[5]是典型的基于知识的方法，它通过获取大量的专家诊断知识，利用专家的推理方法解决故障诊断领域的问题。专家故障诊断方法由知识库、数据库、学习机、推理机、解释器、上下文、征兆获取和人机交互界面组成。其各部分功能为：

（1）知识库。用来存放专家的专门知识，通常为规则库和事实库。

（2）数据库。通常由静态数据库和动态数据库两部分组成。前者存放相对稳定的参数，后者存放运行过程中的参数。

（3）学习系统。即知识获取系统。

（4）推理机。它根据一定的策略从知识库提取有关的知识，对用户提供的证据进行推理，直到得出合理的结论为止。

（5）解释器。使专家系统的工作更加透明，易为用户理解。

（6）上下文。为存放中间结果的地方。

（7）征兆获取器。使故障征兆能自动识别。

（8）人机交互界面。是人与专家系统交流的桥梁。

这种传统专家系统故障诊断法的特点在于利用专家的领域知识和经验为故障诊断服务。

2. 模糊故障诊断方法

在系统故障诊断过程中，能测到的是许多信号，通过信号分析得到许多故障征兆，模糊故障诊断是指通过研究故障信号与征兆之间的模糊关系来判断系统运行状态的方法。模糊故障向量识别法是其中的常见方法，其诊断过程分三个步骤：

（1）建立故障与征兆之间的模糊关系矩阵 R，其中的矩阵元素为征兆对原因的隶属度；

（2）测试待诊断对象待检测状态的特征参数，并提取出特征参数向量矩阵 X;

（3）求解关系矩阵 Y，得到待测状态的故障向量，再运用一定的判定原则（如最大隶属度原则、阈值原则等）得到诊断结果。

在模糊故障诊断中，实现诊断的关键问题是确定合适的隶属度函数和选择具有代表性的特征值。

3. 神经网络故障诊断方法

由于神经网络具备的大规模并行、分布式存贮和处理、自组织、自适应、容错性和联想记忆功能等信息处理特点，被广泛应用于故障诊断领域。

神经网络故障诊断方法的内容包括三个方面：

（1）知识表达。知识表达与知识获取过程同时进行，即确定神经网络的结构参数、神经元特性和学习算法，诊断对象故障的知识结构，确定网络结构模型，并获得连接权值，用权值表和阈值形成知识库。

（2）推理。神经网络的诊断推导过程以并行计算方式进行，即征兆输入经过并行计算得到输出的故障类型。

（3）自学习过程。主要是指故障样本的自学习，通过系统的不断学习，可不断提高系统的诊断效率。

4. 灰色系统故障诊断方法

灰色系统（Grey System）是指信息部分明确、部分不明确的系统，灰色问题（Grey Problem）是指结构、特征、参数等信息不完备的问题。当系统可看作灰色系统时，系统故障所要解决的问题就是灰色系统白化问题，目前的白化方法很多，其中灰色关联度故障法应用最广泛。灰色关联度是指不同研究对象之间的关联程度，在故障诊断中用于确定和实际模式并联最强的标准模式。其诊断过程一般分为以下几个步骤：

（1）构造标准故障模式向量集；

（2）确定待检测状态模式向量集；

（3）计算灰关联度矩阵；

（4）确定关联度阈值；

（5）故障分析与诊断。

运用阈值对系统进行故障诊断识别时，将关联度从大到小排列，即排列实测模式与标准模式特征向量之间的关联度大小次序，当实测模式的特征向量序列与某一标准模式序列关联度最大时，则可认为实测模式属于相应的标准模式，从而实现故障模式的识别。

5. 支持向量机的故障诊断方法

支持向量机（SVM）理论是针对二类模式识别问题而提出的，其理论框架直到20世纪90年代中期才基本建立。

SVM方法是从线性可分情况下的最优分类面提出的。统计学习理论指出，最优分类面具有最好的推广性能。所谓最优分类面，就是这样的分类超平面，它不但能够将所有训练样本正确分类，而且使训练样本中离分类面最近的点到分类面的距离即间隔最大。实际对于线性可分情况，最优分类面应满足分类面间隔最大。对于线性不可分情况，可采用松弛变量的方法或合适的核函数将低维的空间的线性不可分问题变成高维空间的线性可分问题。

支持向量机的故障诊断方法优于传统的基于数据学习的故障诊断方法（如神经网络方法），原因在于：

（1）传统故障诊断方法对学习样本要求的数目多且质量高。即样本数据的分布要能包括所有故障模式，且训练样本要包含尽可能多的故障模式，类似的故障模式样本不能有矛盾或冲突，而实际系统的样本很难达到这种要求。SVM 方法则是利用小样本数据集就可进行故障诊断。

（2）传统故障诊断方法基于经验风险最小化理论，系统的结构不易确定，应用到故障诊断中可导致结构设计不合理。而 SVM 方法采用结构风险最小原理，易于实现模型结构和参数都接近最优的故障诊断模型。

支持向量机在分类问题上只考虑了二值分类的简单情况，在解决故障诊断等多值分类问题时，需要建立多个支持向量机。故障诊断的 SVM 模型具体应用步骤为：

（1）选择适当样本；

（2）依据实际问题对 SVM 选择合适的核函数，常用的核函数有：线性核、径向核、多项式核、感知器核等；

（3）求解最优化方程，获得支持向量及相应的 Lagrange 算子；

（4）写出最优分类面方程。

6. 综合智能故障诊断方法

在实际应用中，一种单纯的故障诊断方法往往得不到理想的诊断效果，因此多是几种诊断方法的综合应用。以下介绍几种常见的综合智能故障诊断方法。

（1）模糊—专家故障诊断法。

专家系统是一个智能计算机程序，可求解特定领域的问题，而现实中诊断领域存在的经验性专家知识往往具有模糊性，降低了知识表达的准确性，因此可以将模糊数学知识和专家经验相结合，引入到专家的模糊知识表示中。模糊专家诊断系统主要由知识库、中间数据库、模糊推理机、人机接口、前端处理程序等部分组成，结构如图 4-2 所示。

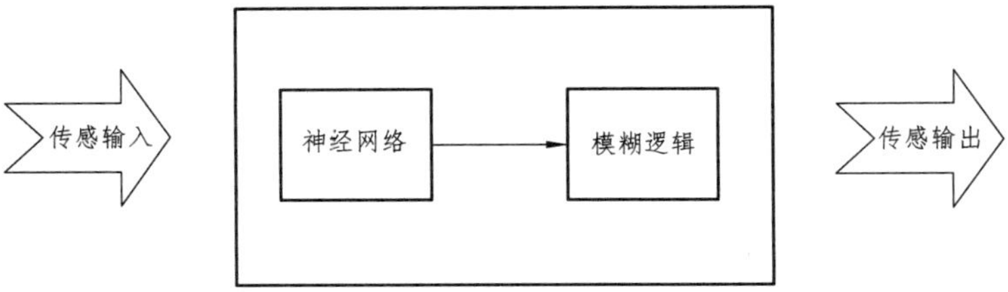

图 4-2　模糊专家诊断系统结构

模糊专家系统与传统专家系统的区别主要在于：

① 模糊知识库，即将隶属函数引入到知识表达中，使知识库经模糊化形成模糊子集的知识表达方式；

② 模糊推理机，即运用知识库中的模糊知识，按一定的模糊近似匹配策略进行模糊推理。

（2）模糊—神经网络故障诊断方法。

神经网络是从被训练或受控的系统中抽取信息，而模糊逻辑技术最常用的是从专家中获取口头和语言信息。模糊系统和神经网络集成后则可拥有两方面的优点，可具有神经网络的学习能力、优化能力、联想记忆能力等，又具有模糊系统类似于人类思维方式的 if2then 规则并易于嵌入专家知识。模糊—神经混合诊断系统的典型结构如图 4-3 所示。

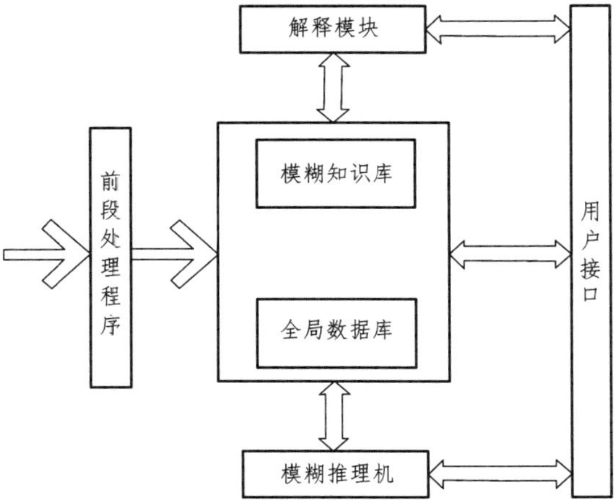

图 4-3　模糊—神经混合诊断系统的典型结构

该系统利用了神经网络在信号处理中速度快的优点和模糊逻辑在诊断中推理灵活的能力，可以提供高速、灵活的逻辑诊断结果。

（3）粗集神经网络故障诊断方法。

人工神经网络（ANN）技术在使用过程中存在学习速度慢，速度受输入向量的维数影响很大的问题。目前的热点是粗集神经网络故障诊断方法。

具体的粗集神经网络故障诊断方法为：从信号中提取征兆作为系统的属性值，采用某种信号变换方式（如小波变换等）作为信号预处理工具，信号经分解后被划分成不同的段信息。信号作为特征反映的工作状态，可作为决策表中的条件属性值进行诊断，即将条件属性作为人工神经网络的输入向量，从而可建立故障诊断神经网络。

第三节　控制论视角下航空公司运行安全管理

一、控制论基础理论

控制理论是讲述系统控制科学中具有新观念、新思想的理论研究成果及其在各个领域中，特别是高科技领域中的应用研究成果，但是在民用领域即实际生活中有很严重的脱节。在民航领域，控制理论得到较为广泛的应用，其中控制理论在飞行器控制技术方面获得了广泛的应用，取得了许多重要成果。控制理论按发展历史可分为两个阶段，即经典控制理论阶段与现代控制理论阶段。

1. 古典控制理论

经典控制理论即古典控制理论，也称为自动控制理论。以传递函数作为描述系统的数学模型，以时域分析法、根轨迹法和频域分析法为主要分析设计工具，构成了经典控制理论的基本框架。到20世纪50年代，经典控制理论发展到相当成熟的地步，形成了相对完整的理论体系，为指导当时的控制工程实践发挥了极大的作用。经典控制理论主要用于解决反馈控制系统中控制器的分析与设计的问题。

2. 现代控制理论

20世纪60年代产生的现代控制理论是以状态变量概念为基础,利用现代数学方法和计算机来分析、综合复杂控制系统的新理论，适用于多输入、多输出，时变的或非线性系统。飞行器及其控制系统正是这样的系统。应用现代控制理论对它进行分析、综合能使飞行器控制系统的性能达到新的水平。

（1）现代控制论核心及主要内容。

现代控制理论的核心之一是最优控制理论。这种理论在20世纪60年代初开始获得实际应用。这就改变了经典控制理论以稳定性和动态品质为中心的设计方法，而是以系统在整个工作期间的性能作为一个整体来考虑，寻求最优控制规律，从而可以大大改善系统的性能。最优控制理论用于发动机燃料和转速控制、轨迹修正最小时间控制、最优航迹控制和自动着陆控制等方面都取得了明显的成果。

现代控制理论的另一核心是最优估计理论（卡尔曼滤波）。它为解决飞行器控制中的随机干扰和随机控制问题提供了一种有力的数学工具。卡尔曼滤波突破了维纳滤波的局限性，适用于多输入、多输出线性系统，平稳或非平稳的随机过程，在飞行器测轨跟踪、控制拦截和会合等方面得到广泛应用。

现代控制理论所包含的学科内容十分广泛，主要的方面有：线性系统理论、非线性系统理论、最优控制理论、随机控制理论和适用控制理论。

线性系统理论：它是现代控制理论中最为基本和比较成熟的一个分支，着重于研究线性系统中状态的控制和观测问题，其基本的分析和综合方法是状态空间法。按所采用的数学工具，线性系统理论通常分成为三个学派：基于几何概念和方法的几何理论，代表人物是W.M.旺纳姆；基于抽象代数方法的代数理论，代表人物是R.E.卡尔曼；基于复变量方法的频域理论，代表人物是H.H.罗森布罗克。

非线性系统理论：非线性系统的分析和综合理论尚不完善。研究领域主要还限于系统的运动稳定性、双线性系统的控制和观测问题、非线性反馈问题等。更一般的非线性系统理论还有待建立。从 20 世纪 70 年代中期以来，由微分几何理论得出的某些方法对分析某些类型的非线性系统提供了有力的理论工具。

最优控制理论：最优控制理论是设计最优控制系统的理论基础，主要研究受控系统在指定性能指标实现最优时的控制规律及其综合方法。在最优控制理论中，用于综合最优控制系统的主要方法有极大值原理和动态规划。最优控制理论的研究范围正在不断扩大，诸如大系统的最优控制、分布参数系统的最优控制等。

随机控制理论：随机控制理论的目标是解决随机控制系统的分析和综合问题。维纳滤波理论和卡尔曼-布什滤波理论是随机控制理论的基础之一。随机控制理论的一个主要组成部分是随机最优控制，这类随机控制问题的求解有赖于动态规划的概念和方法。

适应控制理论：适应控制系统是在模仿生物适应能力的思想基础上建立的一类可自动调整本身特性的控制系统。适应控制系统的研究常可归结为如下的三个基本问题：① 识别受控对象的动态特性；② 在识别对象的基础上选择决策；③ 在决策的基础上做出反应或动作。

（2）研究方向。

复杂系统控制理论与应用：采用结构分散化方法研究复杂系统的建模与控制问题，以结构分散化模型为基础，研究新的系统辨识理论和新的控制方法。

智能控制理论研究与应用：在对模糊控制、神经网络、专家系统和遗传算法等理论进行分析和研究的基础上，重点研究多种智能方法综合应用的集成智能控制算法。

计算机控制系统：针对不同的生产过程和控制对象，研究采用 DCS、PLC、工业控制计算机等控制设备，构成低成本、高性能、多功能的计算机控制系统。

网络控制理论及其应用：通过对网络拓扑结构及网络环境下先进控制理论与方法的研究，充分利用网络资源，实现从决策到控制的全过程优化。

二、运行安全中的控制体系

1. 运行控制角色定位

在控制论的视角下，控制被归结为以下步骤组成的过程：

（1）了解事物面临的可能性空间是什么；

（2）在可能性空间中选择某一些状态作为目标；

（3）控制条件，使事物向既定的目标转化。

与公路、铁路、水运相比，民航在物质空间上增加了一个维度，由此造成航空器运行的可能性空间要大得多。为了在运行前对可能性空间大小进行预先控制，避免实际运行中控制能力超载，航空公司需要在航线时刻方面制订航班时刻计划，在航空器维修方面制订航空器资源计划（飞机排班），在机组方面制订机组资源计划（机组排班、置位和休假计划）。

航空公司的系统运行计划（或总生产计划）就是由航班时刻计划、航空器资源计划、机组资源计划这 3 个主要系统资源的计划加总或整合形成的。在系统运行计划的基础上对机位、加油设备、货邮行李装卸设备、勤务车辆、地面人员等次要资源进行预先配置的结果，就形成了各个航站运行计划。系统运行计划往往由航空公司总部集中制订，航站运行计划通常由公司各航站自行或委托机场制订，其目的是提供一个航空公司在运行前的资源优化配置的前提。运行计划决定了运行资源的配置与导向，可以比作航空器运行的舵。

航空公司运行控制实际上掌控的对象就是各类运行计划。根据航空器运行所需资源的主次关系，系统运行计划是航空公司系统运行控制（Airline Operational Control 或 System Operational Control，下称为 AOC）的对象，航站运行计划则是航站运行控制（station operations control，下称 SOCC）的对象。在航空公司内部，对航空器地面与飞行运行实施控制的任务实际上是由 AOC 与 SOCC 共同完成的。虽然各有分工，但由于资源和计划的主次和先后关系，AOC 应当处于主要位置，SOCC 则处于从属与配合的位置。

因为 AOC 的作用在于掌控系统运行计划的状态与方向，所以其角色应当是航空器运行过程中的舵手，而不是桨手。故而对 AOC 控制能力的度量应当基于实行控制前后的可能性空间之比，如原可能性空间为 M，实行控制后，可能性空间缩小为 m，那么控制能力就是 M/m。在计划阶段，航空公司的系统运行计划仅处于名义状态，而并不处于可执行状态。此时的运行计划仅能被称为名义运行计划（NOS）。只有经过 AOC 协调与调节的过程，解决了正常和非正常运行的各种问题之后，名义运行计划才被转换为当前运行计划（COS），处于可执行的状态，如图 4-4 所示。因此，航空公司实施运行控制的能力应当从两方面进行度量：一是 NOS 与 COS 之间的契合程度；二是 COS 与实际运行的契合程度，即 AOC 所制定的 COS 能否真正起到掌舵（steering）的作用。

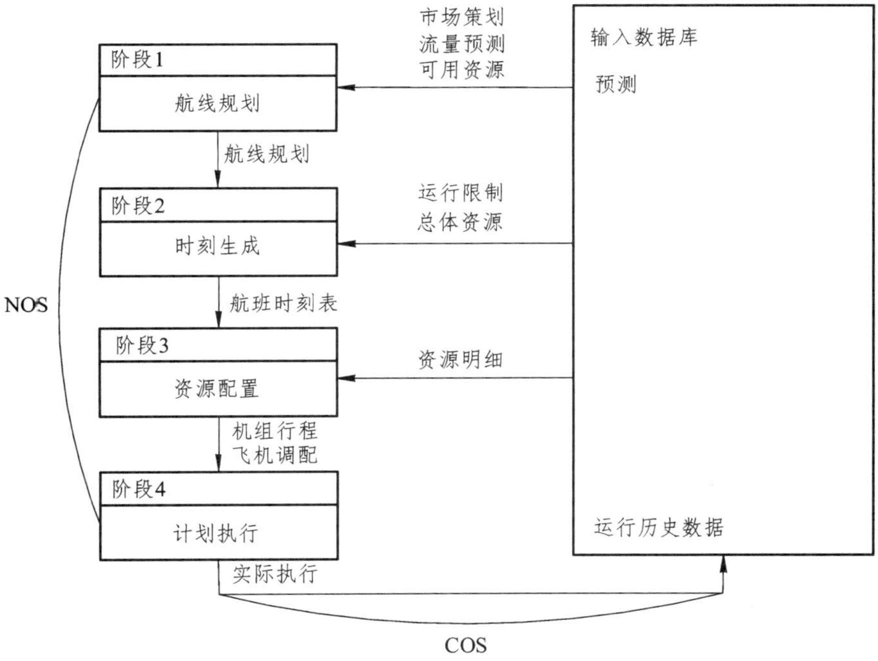

图 4-4　航班计划制订与执行 4 阶段流程图

2. 运行控制体系梳理

航空公司实施运行控制的体系实质上是一个有层次性的控制网络，合理安排网络中各个要素的功能和相互关系是保证其发挥效用的基础。

在这个层次网络中，AOC 的系统运行控制功能居于核心的位置，如图 4-5 所示。但是这并不意味着 AOC 能够对航空器运行的所有细节进行控制，AOC 的系统运行控制功能是要通过飞行机组、各运行部门、各基地/航站的自控功能实现的。因此，我们首先应当对运行控制体系的各个构成要素的功能及其相互关系进行界定和梳理。

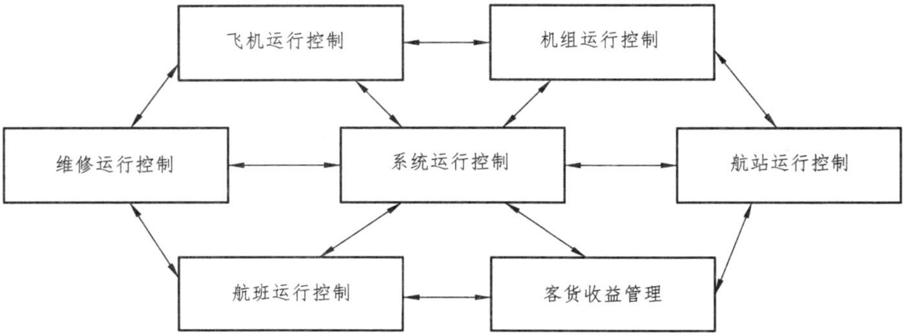

图 4-5　运行控制体系各要素关系图

3. 信息与反馈

反馈是控制的手段，信息是控制的内容。在运行控制体系内部，由各种正反馈回路和负反馈回路交织成复杂的调节关系，若要使运行控制成为一种有目的性的能动行为，反馈与信息就应当作为航空公司运行控制体系建设的核心与基础。

反馈调节的目标是自组织管理和自适应控制。从系统各要素的相互作用来看，反馈调节包括负反馈和正反馈两种方式。无论负反馈还是正反馈调节，都是使航空器运行趋向于稳态、实现自组织管理和自适应控制的手段和过程。负反馈不仅是控制能力的放大器，更是系统趋于稳定的过程；而正反馈则是系统偏离旧稳态向新稳态过渡的过程。比如在运行中断处置过程中，负反馈的作用主要体现于早期告警、预测运行中断的扩大影响、识别和隔断运行中断区域等步骤之中，而正反馈的作用则主要体现于通过自组织管理、运筹学等方法，重新安排非中断区域运行计划、中断区域运行过程，配置运行资源和重新组织客货流的过程，如图 4-6 所示。

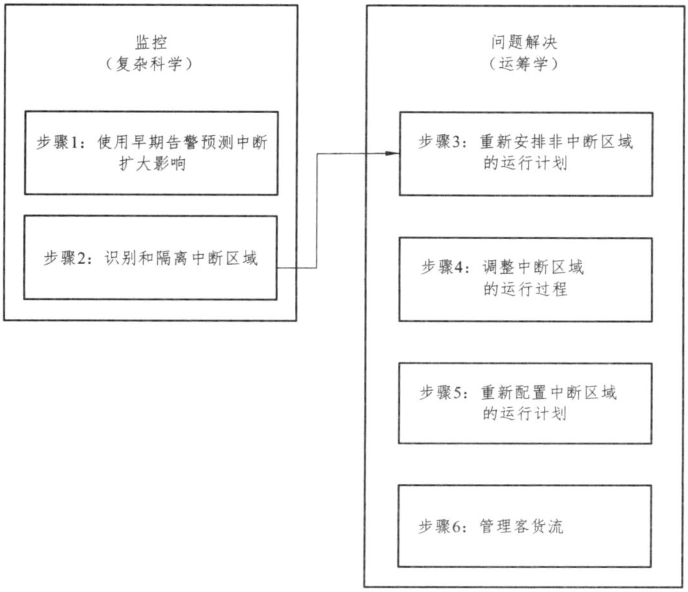

图 4-6　运行中断事件处置过程框架

4. 结构与功能并重

结构反映的是系统的内部状态和内部作用，功能则反映的是系统的外部状态和外部作用。为了使运行控制体系表里兼顾、内外协调，我们应当从结构和功能相统一的角度规划和实施运行控制体系的建设。

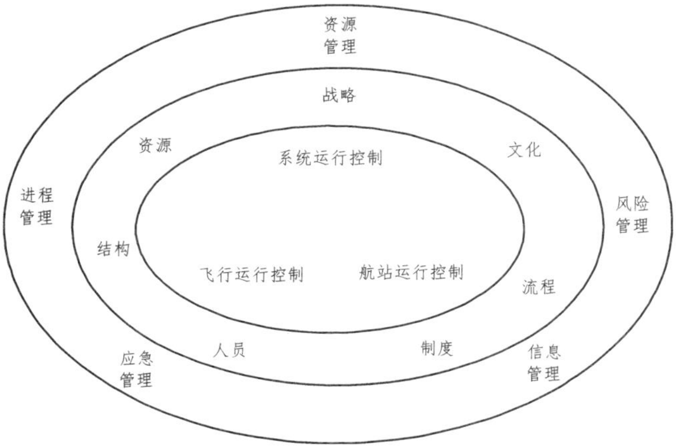

图 4-7　航空公司运行控制体系功能结构概念图

首先，从组织系统角度，运行控制体系有必备的构成要素要求。一般而言，战略、人员、制度、流程、资源、结构和文化这 7 种要素构成了组织系统。战略是组织中所有活动的核心，资源是组织生存的基础。流程确定了组织各子系统的相互协作关系。制度是确保实现组织目标的前提与约束。结构则是将各个要素结合在一起的水泥。组织文化代表了组织成员的情感、态度与认知。要想使运行控制体系正常高效运转，需要在这 7 个方面做出相应的安排。

其次，从空间结构和时间结构相统一的角度，运行控制体系的构成需要具备稳定的组织核心。航空公司在运行时都离不开 3 种运行计划的最终产品，即系统运行计划、飞行运行计划和航站运行计划。这 3 种计划决定了几乎所有航空公司运行资源的安排配置、活动时间和相互关系。负责对这 3 种计划的协调、监控和再安排的系统运行控制、飞行运行控制和航站运行控制，构成了航空公司运行控制体系的核心。由于所需资源的异质性和决策的分散性，航空器运行不可避免带有自组织的一些特性，科学设计组织核心要素的相互关系和促进组织核心的形成，有助于提高这一自组织过程的效率，做到稳定性与可扩展性的统一。

第五章
管理因素与航空公司运行安全管理

第一节　航空公司运行的管理因素

一、航空公司运行管理失误导致不安全事件的原因

航空公司的运行管理中心的放行、控制等管理工作对保障航空公司安全、正点和效益具有不可或缺的作用，良好的航空运行管理给航空公司带来的不仅仅是安全和效益，更是航空公司的市场竞争力、服务品牌和持续发展力。现代航空运输在装备技术方面的复杂性，运行条件的多变性和整体要求的严格性都居运输业之首，所以，要进一步提高安全水平，单靠装备技术的进步是不够的。研究结果表明，与技术因素相比较，人为因素已经上升为航空安全的主要矛盾，人为因素是进一步提高现代航空安全水平的关键。

目前，航空公司运行管理仍存在诸多不足之处，尤其是分散的管理模式，滞后的管理水平大大制约了运行管理在发挥保证飞行安全、航班正点和运行效益方面的效率和作用，甚至有时其本身管理的失误就是导致飞行事故、延误航班和浪费公司资源的直接原因。航空公司运行管理失误导致的不安全事件的原因有：

（1）规章制度不健全，规范化意识淡漠；

（2）管理粗放，大部分国家（尤其是发展中国家）民航的运行管理还一直停留在经验管理的阶段，管理跟不上现代航空业高速发展的步伐；

（3）缺乏科学研究和有效的培训，存在专业岗位人员非专业，安全管理人员不安全的现象；

（4）管理手段落后，目前世界很多先进的管理技术，如：SOC（见

图 5-1）、AOC 仅在个别有经济实力的航空公司应用过，且应用程度与国外相比仍存在一定不足；

（5）缺乏有效的安全评估手段，评估方式和评估手段落后，缺乏有效的安全评估系统来监控航空公司的安全运行；

（6）安全监督、监察力度和广度还有待进一步加强，如图 5-2 所示为航空公司运行管理失误示意图。

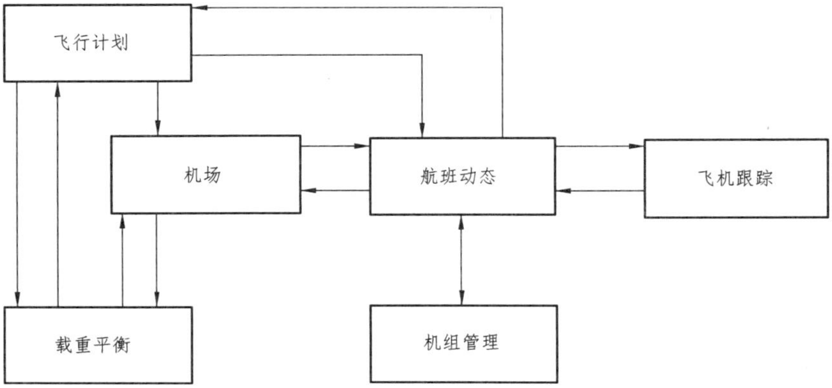

图 5-1　SOC 示意图

正是存在上述弊端和缺乏有效的安全运行管理，现在民航事业步入了一个引入了高质量、高性能的飞机，旅客、货物运输量与日俱增，但飞行事故、飞行事故征候却在抬头，航班正常率下降的怪圈。有效查找安全事故隐患，进一步完善世界各国航空公司安全运行管理就显得尤为关键。

图 5-2　航空公司运行管理失误示意图

航空公司运行管理波动的影响因素主要分为外部因素和内部因素两大主体，如图 5-3 所示为依据现有文献整理的内外部影响因素树状图。后续章节将对其内容开展详细分析。

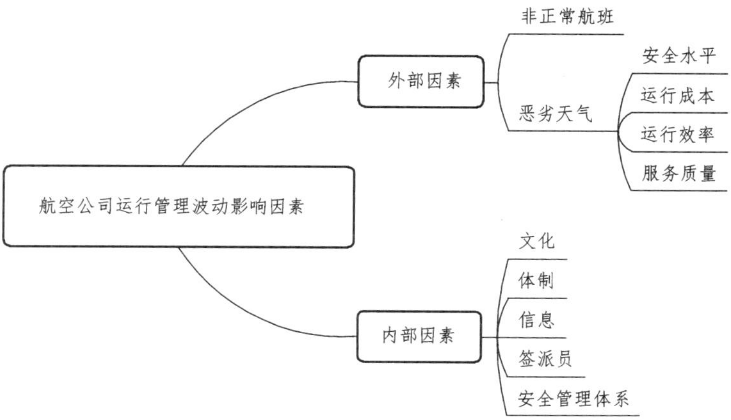

图 5-3 航空公司运行管理波动影响因素树状图

二、航空公司运行管理波动的外部影响因素

影响航空公司运行管理的因素有很多，这一部分主要介绍非正常航班、恶劣天气等外部影响因素。

1. 非正常航班

公布的离站时间已关好前机门、公布的离站时间后 1 分钟内起飞、公布的到达站时间正常着陆，凡符合这三个条件的航班即为正常航班，反之则为非正常航班。

非正常航班引发的问题不仅给旅客带来诸多不便，也给航空公司运行管理造成巨大的影响。非正常航班的恢复问题是全世界各个航空公司所面临的难题，如何合理处置并预防非正常航班的出现，在每个航空公司都应得到相应的重视。

2. 恶劣天气

气象条件是影响航空公司运行管理的重要因素之一，恶劣天气下航班运行的整体合理性，是航空公司运行控制能力的体现，也是航空公司运行品质的体现。恶劣天气不仅会对飞行安全产生威胁，还会导致不正常航班的出现，影响航空公司运行管理。根据《2018 年民航行业发展统计公报》，2018 年全国客运航空公司不正常航班为 86.34 万班次，其中天气原因导致的航班不正常占比为47.46%，居于首位。

恶劣天气通常指雷暴（雨）、风切变、低云、冰雪等对飞行安全产生威胁，影响航班正常运行的天气，常会造成大量晚于计划到港时间后15分钟（不含）到港的航班，不仅造成航空运输资源的浪费，也会使旅客的不满意度提高。恶劣天气下航空公司的运行管理直接反映了该公司在特殊情景下的运营决策能力，而不正常航班的恢复是决策中最重要的一环。

现有研究主要是从4个维度出发，探讨非正常航班和恶劣天气对航空公司运行管理的影响，具体如下：

（1）安全水平。

民航安全是航空公司考虑的首要因素，航空公司的安全水平直接影响旅客的信任度，与公司的生存和发展紧密相关。安全水平不仅是航空公司运行的基础，也是整体民航运行的前提，属于影响运行管理的第一要素。在恶劣天气下降低航空公司运行管理波动幅度需要对运行的风险进行充分评估，避免任何不安全事故。

（2）运行成本。

恶劣天气下导致的非正常航班恢复会使航空公司付出额外成本，例如取消赔偿成本，调机成本等。公司除了直接损失成本外还会承受间接的经济损失，例如公司品牌形象受损导致的旅客信任度下降从而引起现客户及潜在客户流失。而恶劣天气下不同的航班恢复方法会产生不同程度的成本损失，运行成本的增加会导致管理波动的增加，因此为了降低航空公司运行管理的波动幅度，在制定非正常航班恢复策略时，需要考虑到成本的损失。

（3）运行效率。

非正常航班的恢复策略的合理性会影响到航班的运行效率，不合理的航班恢复方法可能会导致更多的航班延误，降低运行效率，从而影响航空公司运行管理。合理的恢复策略可以提高运行效率，为后续航班的运行提供可靠的运行基础。

（4）服务质量。

《2018年年度中国民航服务旅客满意度评价报告》数据显示，旅客对于航空公司服务满意度中的航班延误服务满意度打分偏低，仅有3.55分，未达到航空公司总体满意度平均分3.87。由此可见航班正点率作为服务质量的主体要素，与旅客满意度紧密相关。正点率的高低代表了航空公司的服务质量，恶劣天气下选择合理的航班恢复方案可以提高航班正点率，有助于提高旅客满意度，从而减少运行管理的波动。

三、航空公司运行管理波动的内部原因

影响航空公司运行管理的因素中，除了上文介绍的非正常航班、恶劣天气等外部影响因素，还有航空公司的文化、体制、信息及其签派员等内部因素[5]。

1. 文化：东西方文化差异亟待培养科学安全文化

航空公司安全文化是一种以人为本，文化为载体的独特文化现象，通过安全文化来规范航空人的行为，养成航空人安全价值观。

航空公司的安全管理体系理念是在西方安全管理理念基础上发展并引入建设的，但是因为东西方文化差异影响，导致安全管理思维习惯不同，在航空公司安全管理体系中，需要注意安全文化的差异导致安全管理的波动。如：西方航空公司设置的自愿报告平台，在西方文化中认为这是一项纠错措施，但是在我国航空公司的运行效果并不理想，东方文化中会认为报告的安全信息越多，意味着安全问题越多，导致最终存在安全隐患。航空公司安全管理体系应将安全文化贯彻普及到每一位航空人，通过建设积极的安全文化，形成航空人高度信任和尊重，增强航空人安全责任感，积极主动参与到安全管理体系建设工作，正确对待自愿报告系统，主动上报安全管理信息。

2. 体制：操作流于形式亟待狠抓持续体系运行

我国航空公司一度对安全管理体系建设非常重视，在建设初期也取得不错的成绩，形成了相关程序文件。随着公司的发展，对安全管理体制的建设未能及时修订完善，严重缺乏针对性修改，甚至有的程序文件操作性不强，照抄照搬西方航空公司的相关文件，导致和我国航空公司

实际情况不符，适应性差，可操作性不强，流于形式，这是管理波动的重要影响因素之一。

安全管理体系是一项动态持续工作，航空公司安全管理工作是不断变化的，必须制定持续的安全管理体制，持续修改和完善，真正做到每一位航空人具备安全管理思想，实现安全管理深入人心。

基于此，想要推动航空公司安全管理体系持续建设，必须不断完善安全管理体系文件，结合航空公司运营管理特点，及时修订和补充相关安全程序文件，并严格按照航空公司内审要求，及时发现安全管理体系运行存在的问题，及时完善安全管理体系文件，并且要让每一位航空人意识到安全管理体系改进人人有责，每一位航空人都应该密切关注安全管理体系运行情况，注意收集出现的问题，及时沟通讨论，做好安全管理文件修改和新增工作，不断完善安全管理体系，实现从“文件-活动-文件”的循环往复，持续完善安全管理体系。

3. 信息：信息落实未到位亟待及时准确上报

信息是航空公司安全管理体系有效运行的基础，数据信息的时效性、实效性直接关系着航空公司安全管理质量，因此及时、详尽、准确的安全信息对航空公司安全管理体系工作有着至关重要作用。

然而，在航空公司安全管理体系运行中收集信息时，发现信息管理活动落实未到位，如航空公司在收集安全专项检查和公告等外部信息，安全信息落实等内部信息中存在疏漏；航空公司信息管理员很多是附加工作，对搜集到的信息甄别度较低，信息传递也相对滞后，安全隐患信息无法及时上传下达，导致不能及时有效解决安全问题。

结合上述问题，在航空公司应打通安全信息传递通道，确保安全管理人员能够及时掌握安全管理活动信息，第一时间针对不符规定安全事故进行调查、纠错，防止安全事故发生。要求航空公司定期发布安全信息，在航空公司内部形成安全信息通报常态，确保所有航空人都能够得知安全信息。此外，还需要加强对航空公司安全信息进行统计分析，严格按照安全手册对信息进行分类整理，进行有价值的统计分析，得出正确的安全管理结论，为航空公司安全管理提供可靠信息，继而提出针对性的安全管理优化建议。

4. 签派员

近年来，在航班运行量快速增长、运行环境日趋复杂以及资源配置紧张等因素的发展大背景下，飞行签派员的日常工作负荷较以往大幅增加。过高的日常工作负荷定会引起签派员一定的疲劳和精力分散问题，难以确保对每次飞行进行恰当的运行管理与控制，容易发生人为因素差错或事故，降低签派员的整体工作效率和公司的运行效率，增加公司的运营成本，从而引起管理波动。“确保安全，狠抓效益，力求正点，优质服务”是每个航空公司的坚定目标和追求核心。

5. 安全管理体系

安全管理体系，顾名思义就是基于安全管理的一整套体系，体系包括硬件和软件方面。软件方面涉及思想、制度、教育、组织、管理；硬件包括安全投入、设备、设备技术、运行维护等。构建安全管理体系的最终目的就是实现企业安全、高效运行。如图 5-4 所示为安全管理体系逻辑关联图。

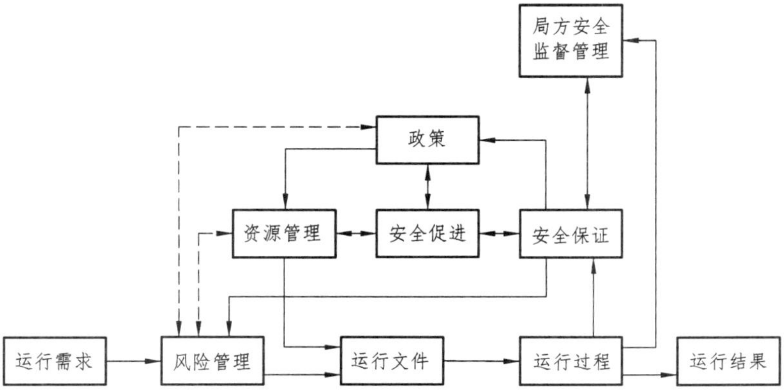

图 5-4　安全管理体系逻辑关系图

第二节　航空公司运行管理失误的原因

一、运行安全管理主体的素质缺陷

P.A.D（Pilot ATC Dispatcher）是保证航班安全的三个支点，自从航空公司运作时刻起，飞行签派就担负起对航班的飞行组织、指挥和保障的重任，如图 5-5 所示为三支点在运行安全中的关系图。

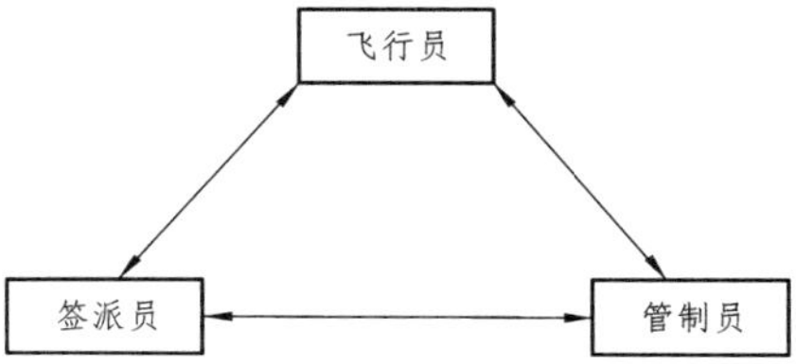

图 5-5　运行安全管理主体关系

运行控制是指航空公司使用用于飞行动态控制的系统和程序，对某次飞行的起始、持续和终止行使控制权的过程。运行控制是航空公司整个运行环节中的重中之重，是航空公司日常运行的信息中心、通信中心和决策中心。航空公司实施运行控制可提高航空公司运营的安全性、正点率和效益。

飞行签派是航空公司运行安全管理的主体。随着航空公司运行控制中心（AOC）的设立、运行控制计算机系统的使用和运行手册的完善，由航空公司的制度或设施而造成的飞行不安全事件的比例不断下降，而因在航空公司运行控制环节中的人为因素而导致的不安全事件的比例则在逐年上升。在航空公司每一个航班的运行过程中，签派员与飞行员共同负责航班的飞行前准备、制作飞行计划、共同签字放行航班和承担航班运行的安全责任；在飞行过程中，签派员应全程监控航班的运行情况、负责全程的地空通信、收集并传递给机长与飞行安全相关的所有信息和资料；在航班大面积延误、恶劣天气条件等非正常情况下，签派员作为航空公司运行控制的中枢，应在保证飞行安全的前提下完成航班调整工作，尽可能地使航班恢复正常。因此，飞行签派员的工作质量和效果会直接影响飞行安全，飞行签派员作为航空公司运行安全管理的主体，其素质缺陷不容忽视。

签派员主要工作：

（1）完成领导交办的其他工作（包括但不限于搬货）；

（2）通过助理签派员检查了解机组和各保障部门的飞行前准备工作，协调处理现场作业所发生不正常情况，并适时进行报告；

（3）根据起飞、着陆、所需备降机场以及航路天气和保障设施、设备的情况，与机长共同做出正确放行决定，制作并签发签派放行单、飞行计划，并向管制部门派发相应航班电报；

（4）实施飞行监控，要求与机组 4 分钟以内可以建立独立于管制的稳定可靠的通讯，当机组空中报告紧急情况时，组建支援团队，提供地面支持，并报告公司值班经理；

（5）遇有危及飞行安全的特殊情况时，应严格监控事态后续发展情况，并报告公司值班经理；

（6）综合每日飞行情况，填写工作日志，协调处理机长反映的问题，发生特殊情况时，编写签派员报告；

（7）根据运行条件，制作飞行计划；

（8）监控航班当天运行情况，及时根据运行实时状况调整当天航班运行计划，调配运力保障正常运营生产。

美国联邦航空局（FAA）曾采用航线运行安全审计（LOSA）系统对 3500 架次飞行进行数据采集。通过统计分析发现，72%的飞行都出现过至少 1～11 次威胁，平均每次飞行面临 2 次威胁，而由于签派、机务的外部错误导致的威胁占常见威胁的 8%。威胁与差错管理理论最初是为了机组内的运行操作而开发的，它也可用于航空公司的不同组织。在航空公司的运行控制中，TEM 模型由威胁（Threat）、差错（Error）和非预期的航空器状态（Undesired Equipage State）构成。威胁是指在飞行期间应注意和应对的外部事件。威胁会增大运行控制的运行难度，处置不当易导致严重的后果。但威胁出现在不安全事故中并不是必然的。比如，签派员进行航班放行后，航班目的地机场的天气在航班预计到达时间短于该机场最低着陆标准时会出现威胁。此时，签派员可以通过对航班天气变化趋势的全程监控，及时做出改航或备降决策处理威胁。因此，威胁本身并不是严重的问题，但如果运行控制人员对威胁的分析和评估不足、处置不当，则可能会诱发差错或非预期的航空器状态。

差错是指背离签派员意图或预期的行为，或既定工作的错、忘、漏现象。威胁是不由签派员人为控制、在一定程度上影响飞行安全、易出现差错的外部事件。而差错不同于威胁，威胁并不是因为签派员造成的，而差错则是人为造成的；妥善管理威胁能保证足够的安全裕度，而运行过程中的差错往往会降低安全裕度。差错包括不遵守局方或公司的规章制度、违反公司的运行手册或标准操作程序、沟通协调不当，以及签派员自身的失误。差错管理不当可能会导致非预期的航空器状态。非预期的航空器状态是指明显降低飞行安全裕度的航空器位置、状况或姿态。航空公司在运行控制中缺少有效的威胁、差错管理时，会大大提高非预期航空器状态出现的概率，而非预期的航空器状态通常被认为是导致事故征候或事故的首要因素。因此，航空公司的签派员作为“地面的机长”，必须开展有效管理。

综合上述，在航空公司飞行签派员的运行控制中可建立如图 5-6 所示的威胁与差错管理模型。

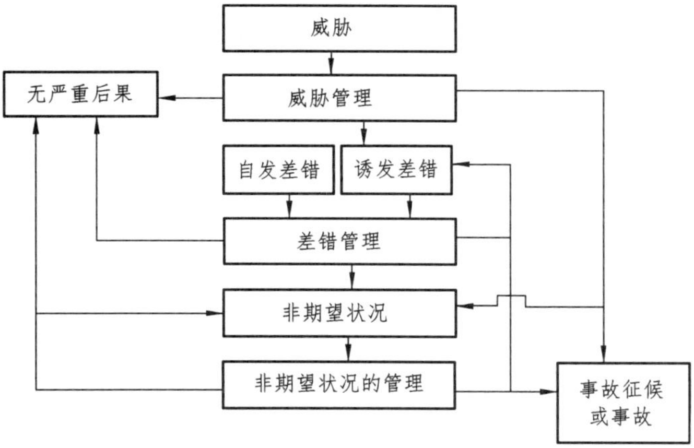

图 5-6　签派员运行控制风险示意图

二、运行安全管理体系的内在缺陷

根据民航规章《大型飞机公共航空运输承运人运行合格审定规则》（CCAR-121-R4）有关合格证持有人应建立安全管理体系，并且能够按照规章的规定实施安全管理的要求，航空公司按照民航咨询通告《关于航空运营人安全管理体系的要求》建立了符合安全管理实际的安全管理体系（以下简称 SMS）。建立了 SMS 之后，航空公司的安全管理模式发生了转变，加强了对大量存在于运行过程中的偏差和一般差错的关注，通过及时地纠正和控制这些偏差和一般差错，减少实际安全运行对目标的偏移，降低了不安全事件发生的可能性。

SMS 的建立为解决航空业内长期存在的安全投入和经营效益之间的矛盾提供了一种有效的解决途径，是一次航空安全管理理念的变革，模式的转变和手段的创新。SMS 能够将传统“事后控制”型安全管理转化为“过程控制”和“预先管理”，其关键就在于建立有效的“闭环反馈机制”，通过这一机制对运行过程、运行状态、运行质量实施监控，比较分析，评估实际安全运行状态与安全运行目标之间的偏差并及时地对其加以调节，使航空公司的运行安全状态始终保持在目标范围内，使公司的安全管理水平得到持续的提高。如图 5-7 所示为现有研究中对于 SMS 要素的分析成果。

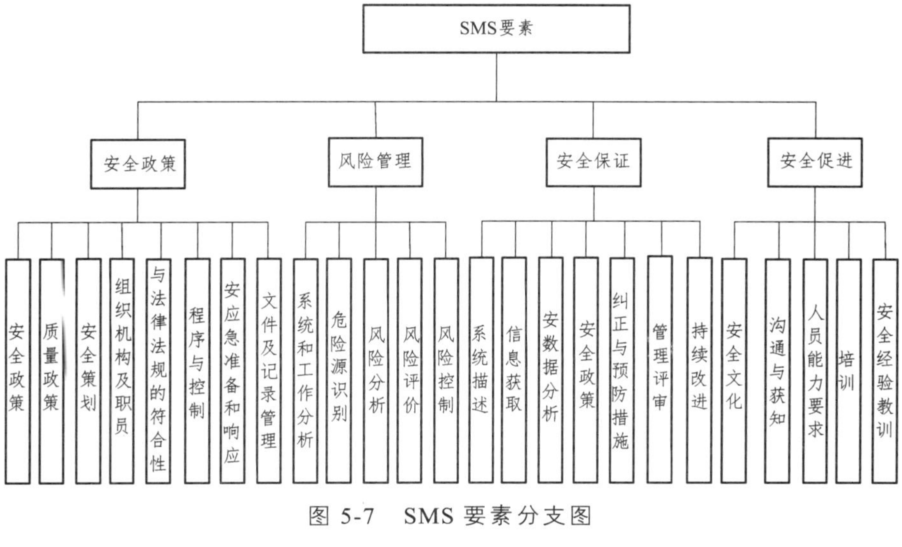

图 5-7　SMS 要素分支图

国内大部分已经建立了 SMS 的航空公司所共同面临的问题是如何能够切实地发挥其应有的作用，实现安全管理水平的提升。结合航空公司的运行实际情况，现阶段在 SMS 的安全信息管理方面主要存在以下几点缺陷：错误理解“信息获取”概念；安全运行数据收集渠道单一、方法落后、信息分析不准确和信息管理人员专业素质有待提高等。这些问题的存在严重影响了如图 5-8 所示的闭环反馈机制的运转，制约了 SMS 预先管理和主动管理效能的发挥。

综合 SMS 闭环反馈机制以及运行特性，现有的运行安全管理体系中，主要的内在缺陷是：

（1）运行风险识别能力的缺陷。在运行过程中对于真实信息及虚假信息的甄别、筛选、提取的能力，尤其是在大数据时代下赋予的数据挖掘清洗能力。传统运行风险识别能力已经无法满足现有的高标准、严要求、海量业务、多维度等条件所需要的识别能力。

（2）运行风险评估能力的缺陷。特别是在运行过程中对于可能造成的后果、可能波及的范围、可能持续的时间等风险的粒度的识别。

（3）紧急运行过程中的高效处理能力的缺陷。在紧急事件中，高效、安全、有序的处理应急事件是现今运行过程中必不可少的一部分，超越正常处理运行业务的范围，既符合现有规章条件下的要求，又能够处理紧急情况，成为很多航空公司运行管理的重点和难点。

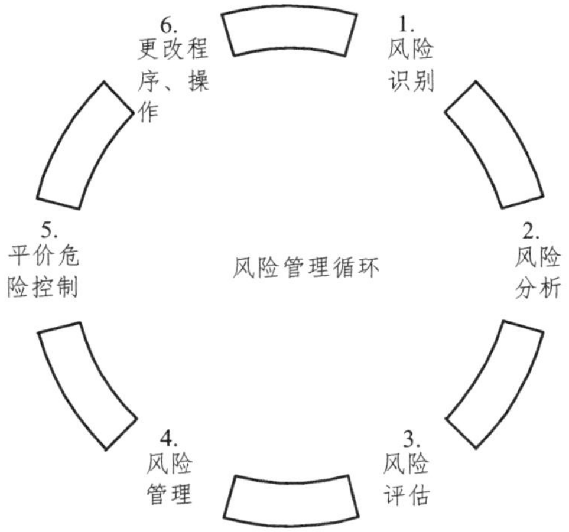

图 5-8　航空公司闭环反馈机制示意图

三、航空企业的组织氛围影响

航空公司运行作为企业的重要组成部分，受到航空企业组织氛围的影响。现有的企业氛围中，影响因素 主要可以归纳为以下几个部分：

1. 企业组织氛围必须突出个性

企业文化是企业全体成员在长期生产经营过程中形成的经营思想、管理方式、群体意识和行为规范的总和。由于各个企业在国民经济中所占的地位不同，企业的构成、生产经营状况不同，因而所形成的企业文化也必然风格不尽相同，企业文化越有个性就越有价值，越是独到则越有生命力。个性是企业文化的力量所在，只有具备鲜明个性的企业文化，才能具有最直接的社会文化识别特征。众多的企业文化面向社会，社会最先发现并认可的是那些具有鲜明个性的企业文化。没有个性的企业文化，只能淹没在各种各样的社会文化中，最终使企业在激烈的市场竞争中失去优势。因此，民航企业组织氛围必须突出本行业、本企业的个性特征，一定要从本企业的实际出发，一定要在自己的文化土壤上潜心耕耘，与时俱进，把握时代脉搏，踏准时代节拍，对已有的企业文化不断创新、发展、完善，自觉培育符合时代发展要求和具有鲜明行业特色的企业文化，这样，才能使民航企业文化在新时代发挥应有的精神动力作用。

2. 企业组织氛围必须坚持严与爱并重的原则，各层领导是关键

企业文化是以人为本的制度管理，从关心人、理解人、尊重人出发，视职工为企业的主人，尊重职工的民主权利，关心职工的切身利益，这对于调动职工积极性、形成企业凝聚力具有十分重要的现实意义。但是，必须明确，关心爱护职工绝不意味着放弃对职工的严格管理。二者虽然实施的手段不同，要达到的目的是一致的。关心爱护职工是为了增强企业凝聚力，对职工的严格管理则是为了保证企业的有序运作。没有规矩不成方圆，如果放弃对职工的严格管理，整个企业就会是“一盘散沙”。因此，必须制定、实施有效的职工行为规范，要求职工认真履行岗位职

责和职业道德；要建立激励机制，让职工切实感受到力有所用、才有所展、劳有所得、功有所奖。同时，对于违纪职工要敢说敢管，使其受到规章制度的约束，有力地体现企业规章制度的严肃性和企业管理的严格性。

3. 企业组织氛围必须以发展生产力为基础

生产力诸要素中，人是决定的因素，企业管理最终是人的管理，再先进、再优良的技术、设备最终还要由人来操作。企业组织氛围的立足点和归宿最终还是要落实在有利于发展生产力和强化企业管理上来，要把企业组织氛围作为推动现代化企业管理的内容。只有围绕企业管理开展企业组织氛围建设，才能有效地克服传统企业管理忽视劳动者个性和价值的弊端，同时，还可以使企业文化与企业管理取得共荣共进、相得益彰的效果。

第六章
航空公司运行安全文化

第一节　航空公司运行安全文化研究综述

一、航空公司运行安全文化定义

安全文化（Safety Culture）作为组织文化的一个分支已在医疗临床、核工业、电力行业、石油化工业诸多行业都进行了具体的研究和建设。航空业同样作为一个高科技、高风险、高投入的行业，也在建立自己特有的安全文化。众所周知，飞行安全直接关系着一个航空公司的发展前景和经济效益，所以航空公司一直把安全摆在首位，安全源于“人—机—环”整体系统的正常运作，即飞行员熟练的驾驶技术和规范性的操作、可靠性很高的飞机以及良好的客观飞行环境。随着飞机的可靠性和飞机各系统自动化程度的日益提高，机械故障带来的事故一直在减少，而从事故原因分析统计中可以得出，现代航空事故原因中，60%～70%的事故是由于人的不安全行为造成的，也就是说现在更多的航空事故与“人为因素”（Human Factor）有关。因为航空公司的所有工作最终体现在航班的安全飞行方面，所以飞行人员肩负的责任更为重大，飞行人员牢固地树立“安全飞行”思想更显必要。该思想的获得是源于整个公司对安全的重视、强调，对安全共同的信仰、价值观，也是企业安全文化内涵的体现。

在飞机性能、飞行技术等客观条件日益成熟稳定的情况下，文化便成为影响安全的根本因素。安全文化建设成为航空公司安全管理成功与否的一个决定性因素，健康的航空安全文化不但可以规范个体的安全行为，而且可以引导民航组织进入有序的、可持续的良性发展阶段。

文化通常被描述为“人们拥有的观念、习惯、技术、艺术、工具、制度等”，关于文化的分类有很多，从宏观的角度文化一般被分为传统文化、组织文化和职业文化三大分支，其中安全文化主要受组织文化的制约。组织文化的研究始于 20 世纪 80 年代初，被定义为“一个用共同的价值观、责任、信仰和标准维系组织成员之间关系的系统”。实际上，在“安全文化”术语出现之前，对大量的事故进行分析发现，可以因组织文化的不同将事故进行归类。然而从组织文化角度对事故进行调查和分析的开始时期可以追溯到 1986 年造成灾难性后果的切尔诺贝利（Chernobyl）核泄漏事件。“落后的安全文化”（Poor Safety Culture）被国际原子能组织（International Atomic Energy Agency，IAEA）核能委员会认定为此次事件中一个起关键作用的因素。从那时起，安全文化一直在其他主要的安全事件的事故询问和分析中作为一个影响因素被讨论。航空业对安全文化的关注源于 1991 年美国国内的一场民航空难，之后 1997 年美国国家运输安全委员会（NTSB）召开的国家运输安全会议上“安全文化”成为独特的最显眼的主题被提出来。此后，安全文化在宇航事故中也一直扮演主要角色，包括哥伦比亚号宇宙飞船失事。

因为文化内涵的复杂性、多层面性，致使作为组织文化分支之一的安全文化的定义在不同的组织也体现出其具体特殊性，谈到“安全文化”就不得不谈“安全氛围”这个与之相伴的术语，安全氛围的概念早在 1980 年 Zohar 通过实证研究提出，在 1986 年“安全文化”概念提出之后，两者更像是双胞胎，每个研究都要对其进行说明。但随着研究越来越细致，两者的关系也日渐明朗，其中最为形象的一个比喻是 DouglasA.Wiegmann 等人在 2004 年的阐述，他们认为“安全文化”和“安全氛围”类似于人格心理学里的心理状态（Psychological States）和心理特质（Psychological Traits）。换句话说，人的行为主要是受到能够引起心理反应的环境因素（如饥渴或焦虑）和具有持久性的人格特征（如外向或内向）两方面的影响。但是，对个体重复的观察或反应的结果需要用他的持久性人格特征来解释，而不是依靠因具体的环境因素引起的暂时状态来解释。在航空领域，关于安全文化代表性的定义有：航空安全领域的研究权威 Merrit 和 Helmreich 在 1996 年提出的“文化是个体和自己所在团体里的成员共同分享的特定的价值观、信仰、礼仪、符号和行为，这些共有特征尤其在和另外一个群体做比较时表现出来”。

在 1998 年，进一步阐述到个体通过把对共同的安全重要性的信仰表现在自己的行为中，以及对“每个成员愿意支持组织的安全规范和为了共同的目的支持别的成员”这种观念的理解。Eiff（1999）认为“安全文化存在于一个组织内部，在这个组织里，不管员工的职位如何，在预防事故发生时采取了行动，这个行动就应该被组织支持”。虽然每个研究者有其对航空安全文化的理解，但是航空公司更像是大学和医院这样的组织，而不像一般意义上的公司，因为组织的核心是由大量的高水平的专业人员和有专业知识支持的飞行员组成的。还有需要注意的是，飞行员是有着大量与众不同文化的群体，因为其工作环境特殊，经常是在空间隔离的状态下进行，工作强度大且责任重大，社会外界对其的了解也不多。所以具体的研究定义虽然有差异，但是主体思想是一致地，反映安全文化在航空业的体现，即“航空安全文化是航空组织和其成员所特有的共同特征的集合，通过内在的信仰，价值标准、意会以及外在的规范、仪式、标志和行为模式体现出来。”

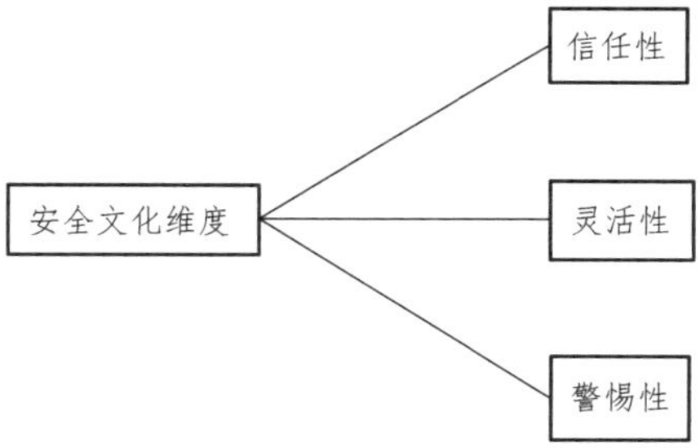

图 6-1　安全文化维度示意图

二、航空公司运行安全文化构成的维度

对航空安全的内涵的界定每个研究因实际情况都有差异，即由其具体的内容维度界定。例如，Patrick Hudson 在 2001 年对航空业组织的安全文化进行论述时总结出安全文化有 4 个维度：

（1）广而告之，安全文化在组织的每个层面都被熟知；

（2）信任性，安全文化在组织的每个部门都被信任；

（3）灵活性，在一定条件下，安全文化可以适当地变化；

（4）警惕性，安全文化具有警惕性，对组织的不安全的现象具有预测性。

文化维度的确立建立在 Jim Reason（1997）提出了一个注重安全文化的组织的特性的基础上，他认为一个注重安全的组织应该具备明确性、警惕性、合适性、灵活性、学习性的特性。JohnA.Flannery（2001）也认同 JimReason 的安全组织的特征，但他和 Patrick Hudson 的安全文化维度稍有不同，认为航空安全文化包括：广而告之的文化、报告文化、灵活性的文化、学习型的文化 4 个维度。Fleming 2000 年指出安全文化应包含管理承诺和组织透明度、组织沟通、生产效率和安全的权衡、学习型组织等 10 个成分。目前主流的观点的是 DouglasA.Wiegmann（2004）等人提出的航空安全文化的维度，包括以下 5 个方面（见图 6-2）：

（1）组织承诺（Organizational Commitment），一个组织的高层管理在促进组织安全文化发展方面一直被认为扮演关键的角色。这个维度和很多研究的结果都一致。

（2）管理参与（Management Involvement），通过日常的接触可以在高层管理、中层管理和员工之间进行对安全的看法交流，从而进一步影响员工按规范操作以及安全操作实践的程度。

（3）员工权限（Employee Empowerment），错误可以定位在组织的任何一个层次，然而一线的员工（如飞行员）经常扮演防止错误发生的最后一道防线，同样对防止事故发生也是这样。

（4）奖励系统（Reward Systems），组织安全文化的一个关键组成成分是一种方式，在这种方式里，安全和不安全的行为都要被评价，而且，根据这些评价结果的奖赏和惩罚具有一致性。

（5）报告系统（Reporting Systems），“一个真实的安全文化的基础是一个合格的报告机制”。一个有效和系统的报告是在事故发生前定义安全管理的弱点和不足的要点，在事故发生之前，组织前摄性学习的能力和自主性，以及在预警指标和相近的过失的基础上调整行为，这些对改善安全至关重要。

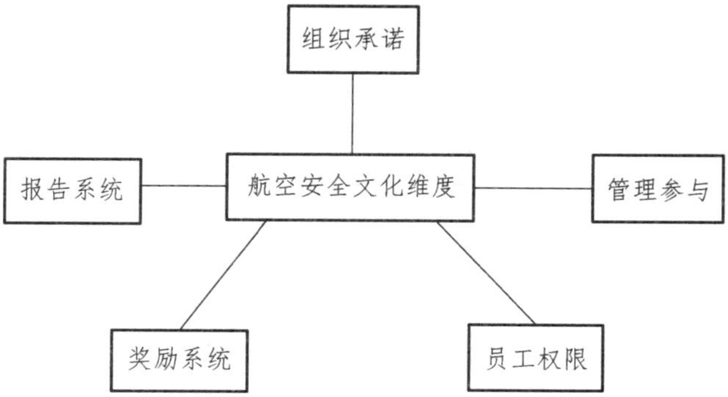

图 6-2　航空公司运行安全文化维度

第二节　航空公司运行安全文化氛围营造

一、运行安全文化、氛围定义

1980 年，祖哈在对以色列制造业的安全调查研究过程中，首次提出安全氛围理念并将之定义为“组织内员工共享的对于具有风险的工作环境的认知”[1]；在随后的探索过程中，各国专家对安全氛围的定义大多数与此相似。

安全氛围可以定义为一种能够测评安全文化即时状态的、反映企业组织内不同个体安全认知的工具。相对于组织当前环境和状态而言，安全氛围是对特定地点、特点时间内的具体状态的认知，并随着环境和状态的变化而变化。“安全氛围”和“安全文化”的一些定义相似甚至一样，很多研究将这两个术语视为同一概念。

安全氛围的许多定义和安全文化有共性也有区别，对其进行总结可以发现安全氛围所特有一些特征，包括以下几方面：

（1）安全氛围属于一种心理现象，它通常指的是在一定时期内个体对所在环境或组织的安全状态的感知。

（2）安全氛围和无形的事物紧密相连，比如情境和环境因素。

（3）安全氛围是一种暂时的状态，是安全文化的一个瞬间“快照”（Snapshot），相对不稳定，容易受到客观环境的干扰而改变。

现有研究对不同行业内的安全氛围调查与研究结果表明，安全氛围尽管与安全文化存在近似点，但是在具体定义上存在一定的区别，即安全氛围是一心理表象，常与企业内部的工作环境和安全状态问题紧密相关，表现为个人和组织在特定时间内对安全状态的认知，也是安全文化的短暂快照，具有不稳定性和变化性。安全氛围也是对安全文化即时状态测评的具体方法，该方法能够反映企业组织内部不同员工的安全认知，是对特定时间、特定地点企业安全状态的具体反映，该状态可以随着当前环境特征和其他影响因素变化而变化。当前安全文化和安全氛围的理论研究与发展并不同步，相比较而言，有关文化的定义和理论开展的研究较多，并常借助于观察、谈话、案例分析等，对企业的安全生产、绩效和员工的满意程度等进行定性测评。相反的，对于安全氛围研究则主要是关注于经验实施而不是理论的发展，通常采用定量方法如问卷等对目标企业的即时安全状态加以测评与分析；我国当前研究领域重点关注安全文化的建设与实施，国外则注重于安全氛围在企业中的测评与应用。

安全文化是企业组织内部所有层次员工的共同的、持久的价值观和对安全的重视态度，也体现为个人和群体对安全责任心、行为和安全交流等方面的关注程度，是安全价值观指导下，在对事故经验教训学习基础上所采取的主动学习的、可改变的个人或组织的适应性行为。

通常，安全文化研究主要定位在群体或更高层次水平，常包括群体或组织内部可共享的价值观念、企业组织问题等，与管理监督系统密切相关。该研究强调组织内不同层次的成员对企业的贡献以及对企业员工的工作行为产生的影响，并通过偶然事故反映出企业管理系统和安全实践的关系。相对来说，安全文化具有持久性、稳定性、延续性等特点。

结合航空公司运行特点以及安全文化特性，本节对航空公司运行安全文化做出如下定义：航空公司运行安全文化是航空公司内部所有涉及运行业务的员工，对运行安全附有的持久性、稳定性、延续性等特点的安全价值观念，该价值观念主要与企业内生组织、安全实践能力、安全维护意识、安全监管能力等有关。

二、运行安全文化构成

以往研究中安全氛围的维度构成也是随着研究领域和操作定义的变化而不同，以下从 1980 年 Zohar 的研究开始，对有影响的部分研究中安全氛围的构成维度做总结。

（1）Zohar 在 1980 年对以色列 400 名钢铁、食品加工、化工行业的从业人员进行测量，通过探索性分析总结出 8 个维度：① 安全培训的重要性；② 管理者对安全的态度；③ 安全行为对晋升的影响；④ 工作场地的风险水平；⑤ 安全行为对社会地位的影响：⑥ 安全管理人员的地位：⑦ 安全委员会的地位：⑧ 要求工作的速度对安全的影响。

Cheyne（1998）认为 Zohar 的研究可以总结为 4 个维度：① 安全的优先权：高层管理者对安全和经济效益优先性的认知；② 安全管理：对安全培训支撑积极的安全管理的感知；③ 安全交流：对组织是否允许交流安全问题以及获得安全相关信息程度的感知；④ 工作群体的安全参与：工作人员安全的参与程度。

Mueller（1999）在 Cheyne（1998）的基础上又增加了 2 个维度：安全激励和安全的社会地位，前者是指组织对安全行为奖励程度，后者指的是在日常工作中安全问题的地位以及组织对安全问题的接受程度。Neal 等人（2000）用验证性的实证研究证明了这一维度构成。

（2）Brown 和 Holmes（1986）通过对 425 名美国制造业的从业人员测验后进行验证性分析，发现安全氛围包括 3 个维度：① 对福利待遇的感知；② 对管理层处理安全利害关系的感知；③ 员工对身体风险的感知。

（3）Cox 和 Cox（1991）对 630 名玻璃制造相关行业的员工进行测验，通过探索性分析发现安全氛围包括：① 个人对安全的怀疑精神；② 个人职责；③ 工作环境的安全性；④ 规划安全的效用性；⑤ 个人对安全的排斥性。

（4）Williamnson（1997）通过对重工业和轻工业以及户外工作的 660 名从业人员进行测验，通过探索性因素分析发现安全氛围包括：① 个人安全动机；② 积极的安全工作；③ 风险决策；④ 对安全的乐观性。

（5）Dong-ChulSeo（2005）以美国粮食行业的 772 名从业人员为被

试者，经过验证性因素分析，证实安全氛围包括：① 管理承诺；② 主管支持；③ 同事支持；④ 员工参与；⑤ 个人能力水平。

从上面这些代表性的研究中可以看出，虽然每个研究中安全氛围的维度也有差异，但是可以看出安全氛围的维度更多地体现了个体对安全的感知，以及个体对所处工作环境、同事影响的感知。

三、运行安全文化营造方式

1. 相关概念界定

自航空业出现以后，历经百年，民用航空作为一个高风险、高投入、高技术要求的行业，与之相伴随的备受关注的就是航空安全问题。由于民用航空这个行业的特殊责任，不能接受安全形势大幅波动，特别是近几年来，民航业的发展可为如火如荼，因此航空安全问题也放在了一个很高的位置上。

之前民航安全主要体现在飞行员技术和飞行自然环境，随着现代科学技术的发展，民航飞机的技术日益提高，现代航空事故原因主要是人的不安全行为造成的，故把关注的焦点逐渐转移到航空安全文化的建设上。本节的航空安全主要是指民用航空的安全，包括自然环境因素、专业技术因素、人为因素、公司管理制度和安全文化等引起的安全问题。航空安全的概念是指发生在特定的航空行业或是由于航空行业的突发性事件给社会公众造成的巨大损失和损害的事件或状态。

国际民航组织 1992 年指出良好的安全文化由以下因素构成：

（1）高级管理层注重安全；

（2）全体职员理解工作场所内的危险；

（3）高级管理层愿意接受批评并以开放的态度对待对立的意见；

（4）高级管理层培养一种鼓励反馈的氛围；

（5）强调有关安全信息沟通的重要性；

（6）对现实的、可利用性的安全规则发扬；

（7）确保员工受过很好的教育和培训，保证员工非常理解不安全行为的后果。

2. 我国航空安全文化建设的现状

随着近几年来，“文化”“文化软实力”这一概念的提出，航空安全文化建设作为一种特殊文化，开始越来越受到重视。但相较于国外比较完善的制度体系，我国航空安全文化的建设起步较晚，基本上处于一种边实践、边借鉴、边摸索的状况，跟国外还有一定的差距。我国航空安全文化建设存在的问题主要有：航空安全文化宣传力度不够，多数航空企业没有特征鲜明的航空企业文化；航空企业文化各自为政，航空企业文化缺乏与时俱进，这些问题的存在应该引起我们的高度重视。

3. 构建我国航空安全文化的必要性

首先，安全文化建设是一项长期而艰巨的任务，十六届五中全会提出了安全发展的科学理念，强调“安全发展”是可持续发展必不可少的组成要素，民用航空发展十二五规划也是实施民航强国战略的第一个五年规划，提出了完善规章标准体系，建立健全行业文化保障，进一步强化持续安全理念，开展安全文化建设。安全文化是影响航空安全的重要因素，安全文化建设是各类企业的一项日臻完善、永无止境的工作，加强安全文化建设是实现航空企业持续安全发展的重要保证。其次，安全文化是企业文化的主要组成部分，航空安全文化的建立有利于促进航空安全管理体系的建立和完善，有利于安全规章制度的落实，营造浓厚的安全生产氛围，有利于提高企业安全管理的水平，规范职工的安全行为。为企业树立良好的形象，增强航空企业的核心竞争力。

4. 我国航空安全文化建设存在的问题

（1）航空安全文化宣传力度不够。大多数航空企业的员工“安全文化”素质偏低，群体安全意识淡薄。究其原因主要是航空文化宣传的力度不够深入，使得航空安全文化难以在整个航空企业内开展与传播。最终由于航空安全文化宣传困难，出现文化断层，航空企业缺乏生命力，导致航空企业缺乏国际竞争力，所以航空企业要大力发展安全文化的宣传途径。

（2）多数航空企业没有明确的航空企业文化。没有明确的企业文化是企业普遍存在的一个问题，当然航空企业也不例外，企业追求的是高收益率。大多数的航空企业并不认为企业文化与业绩有直接的关系，固有的一种思想就是“与其建设企业文化，不如创造更多的经济效益”。企业追求短期的经济利益，忽视了安全文化对企业发展的隐形推动作用，导致航空企业没有足够精力建立自己的安全文化。

（3）航空企业文化各自为政。企业文化对一个企业来说至关重要，但企业的规模又会成为企业文化发展的一个瓶颈。企业的规模越大，这种问题越突出。航空企业的规模都是比较大的，所以说航空企业比较容易出现各自为政的航空企业文化。而且这种分裂的文化主要表现在领导文化、员工文化以及其他小团体文化，如何解决这种困境就成为当前的关键。

（4）航空公司文化缺乏与时俱进。航空运输业是一个国际化的行业，快速变化的国际化经济环境和激烈竞争的国际化市场环境，求变成为众多航空公司寻求持续发展的永恒主题，航空公司安全文化建设也不例外，航空公司安全文化不可能一成不变，但航空公司安全文化又不能随随便便地改变，航空公司安全文化应该如何变？以及怎样变才能使航空公司更好？这是航空公司安全文化发展的重中之重。

第七章
航空公司安全预警管理

第一节　航空公司安全预警管理基本功能

航空公司安全预警管理将预警管理理论应用于航空公司安全管理领域，通过建立相应的预警方法和预警预控组织体系，对影响航空公司安全的诱因进行监测、诊断及预先控制，正确区分航空公司安全生产系统的不安全与安全状态，预防、制止、纠正、规避系统中的不安全管理行为（管理失误）和不安全管理过程（管理波动），从而实现航空公司安全生产活动始终处于合理、可靠、可控、高效的安全状态的一种崭新的管理行为模式。

一、航空公司安全预警管理概述

预警管理理论是在“非优思想”指导下，研究系统中“非优”与“优”的演化，以及如何有效控制的预警预控方法。以“非优思想”作为建构预警管理系统的指导思想，是一种科学有效的思想方法。

自组织耗散结构理论综合了热力学与进化论的观点，认为任何系统的演化过程都是产生、发展和消亡的过程，在产生发展阶段，系统处于上升期，从无序到有序占据优势；进入消亡阶段，系统处于下降期，从有序到无序占据优势。根据人类认识和实践活动结果满足人类主观要求和客观与理性的尺度，系统非优理论确定了“优”和“非优”两个研究范畴。对管理系统而言，两种时间之间的演化方向都存在，同时还具有“非优”“优”“非优”……交替出现的特征。要想在一定阶段上控制系统在“优”的范畴，必须对自组织功能系统的“非优”因素进行识别和控制。为了衡量自组织系统的进化程度，必须设立一些进化评判依据。从系统与外界的关系看，存在着性能和功能的评判依据。

例如，协同用序参量作为描述系统有序程度的量度。所谓序参量，是指系统状态变量中随时间变化较慢的那些量，又叫慢参量。序参量既可以表征系统内部的组织状态，又可以体现系统整体与外界的关系，特别是在组织质变的临界点上。因此，序参量可以作为自组织系统进化的一种特征参量。它在整个系统的运行中居于主导地位，支配着子系统及其参量的存在和行为，支配和决定宏观系统有序结构状态、结构性能和有序度的变化，使诸子系统随其规定的模式而变化，形成协同一致的宏观格局。除了这个基本自组织判据外，针对不同的系统还可选用不同的自组织判断依据。对于一个最优化系统可以用次系统中非优因素出现的次数和每一因素对系统的影响度来综合反映此系统是否处于“优”范畴，从而在“非优”和“优”的超循环中，建立一个自我判断、自我选择而进化到高度有序的自组织功能体系。

对航空公司安全事故的成因分析表明，与安全有关的因素可以划分为四类：人、机器、环境和管理。航空灾害的发生是人为失误、飞机及相关设备失控、自然环境突变等因素相互作用的结果，是航空公司安全生产系统运行管理失误的结果。

航空公司安全预警管理的主要对象是人，而预警活动中的预测、监控、矫正等环节的活动对象则是诱发人为失误的航空环境或飞机故障。

从组织角度来看，航空公司安全预警管理系统的管理对象是航空公司安全管理波动现象，它把航空公司组织安全管理的“非优”和“优”看作一个相互转化的动态过程。该系统根据评价指标体系监测安全管理的波动状态，识别波动的发展趋势，进行预先控制，以使航空公司安全管理始终处于“优”区间或趋向“优”状态。

航空公司安全预警管理在航空公司组织原有管理功能基础上形成新的预警机制，即预警功能、矫正功能和“免疫”功能，并共同构成航空公司组织管理职能系统的新的预警功能体系。预警管理的新功能，是以警报为导向，以矫正为手段，以免疫为目的的防错纠错新机制。

（1）警报功能。警报功能是对航空公司的灾害早期征兆和诱因进行监测、识别、诊断与警报的一种功能。它通过设立各类行为所可能产生失误后果的界限区域，对某些可能的错误行为或可能的波动失衡状态进行识别与警告，以此规范航空公司安全生产系统的秩序。警报功能的核心是其识别系统的建立和完善。

（2）矫正功能。矫正功能指对航空公司事故早期征兆和诱因进行预控和纠错的一种功能，它依照预警管理信息，对灾害早期征兆和诱因进行主动预防控制并纠正其错误，保证航空公司安全生产系统处于安全状态。矫正功能的核心是预防行为的敏感度，即预控行为在某种过程状态下，对灾害早期征兆和诱因矫正作用的有效程度。

（3）免疫功能。免疫功能是指对同类性质的航空灾害或诱因进行预测或迅速识别并给出有效的制止措施的一种功能。当安全管理过程中出现了过去曾经发生过的失误征兆或相同的致错环境时，它能准确地预测并迅速运用规范手段予以有效制止或回避。免疫功能的核心是航空公司组织能否科学总结逆境教训并将其转化为安全管理的知识、能力和水平。

具体地说，航空公司安全预警管理力图解决：航空行为人的内在局限性或失误的可能性；民航环境和飞机故障异常变化的成因和过程，以及它们与人为失误之间的联系；飞机在不同因素和条件下发生事故和灾害的概率；航空安全管理在什么条件作用下可能出现管理失误；如何识别和诊断航空事故征候或灾害征兆；如何运用有效的预控方法等问题。

二、航空公司安全预警管理原理

航空公司安全预警管理的基本原理包括以下 5 个方面。

（1）航空灾害征兆的可测评原理。虽然航空灾害的发生具有突发性和随机性，但通过对航空公司组织安全管理的状态的测评可以反映出航空灾害的征兆。

（2）航空灾害征兆的趋势测评原理。在一定的致灾因素作用下，航空公司组织行为过程中的安全管理失误和波动，会表现为航空灾害的诱发趋势，这种航空灾害诱发趋势可以被测评和控制。

（3）航空致灾因素测评原理。航空灾害的发生，可以通过对航空公司组织内部与外部环境的致灾因素的测评而预测到，且可通过对致灾因素的预控和规避，遏制航空灾害的发生与发展。

（4）航空灾害测评的值域原理。航空灾害测评指标的取值范围是一个区间，不同航空公司组织的测评指标取值有不同的值域，因此预警的界限有所差异。

（5）航空灾害预控方法的组合原理。航空灾害预控方法的组合原理，有助于在日常管理过程中多种控制方法的选择以及危机状态特别控制方法的选择。基于上述原理，可以确定航空公司安全预警管理活动的预警内容及监测指标建构等操作原理。

基于航空事故的成因和发展方式，航空公司安全预警管理系统分为航空事故征兆预警分析与航空事故征兆预控对策两大子系统。预警分析是对航空事故征兆进行识别、分析与评价并做出警示的管理活动，即对各种重要管理环节和管理行为的监测、识别、诊断和评价；预控对策是对航空公司经营管理活动中的重大危机的早期征兆进行矫正与控制的管理活动，包括组织准备、日常监控与危机管理三个活动阶段。

简而言之，预警分析是识别错误，预控对策是纠正错误，两者相辅相成。

预警流程图如图 7-1 所示。预警指标数据从各个部门收集到安全监察处后，由预警人员加以汇总、分类和整理，将信息按要求输入到系统中。系统实时对各项指标状况进行监测、识别和评价，找出影响安全的指标，并判断是否处于安全状态。若处于不安全状态，则针对相应的部门或整个公司进行预警发布，在系统预控对策的辅助支持下，安全主管提出预控对策并实施。系统依据对策实施过程和效果，判断是否有效，若有效则完成此次预警管理；若无效，则要进一步提出预警和预控对策，直至有效。

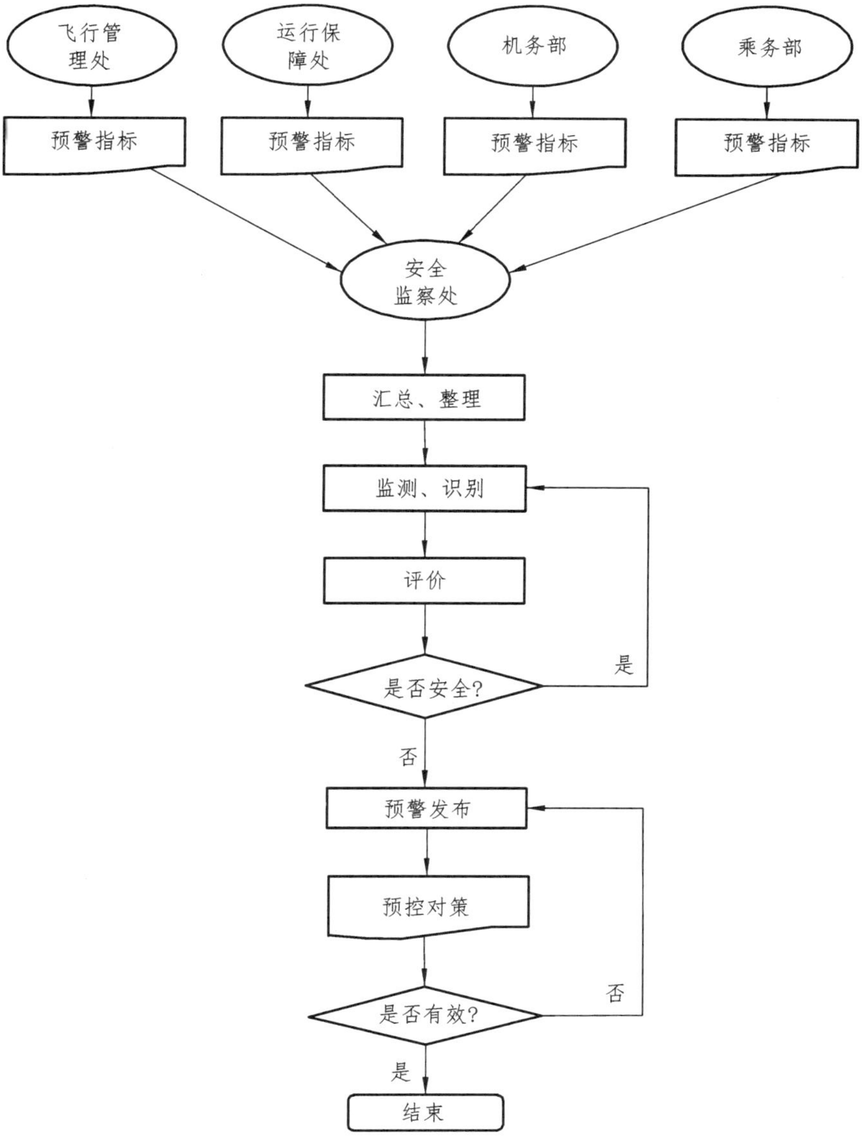

图 7-1　预警流程图

预警数据流程的设计主要按照数据采集、评价、预警预控的流程来设定，如图 7-2 所示。由于采取了指标评价的方法，因此存在对指标的初始设定，这部分由航空专家来制定。

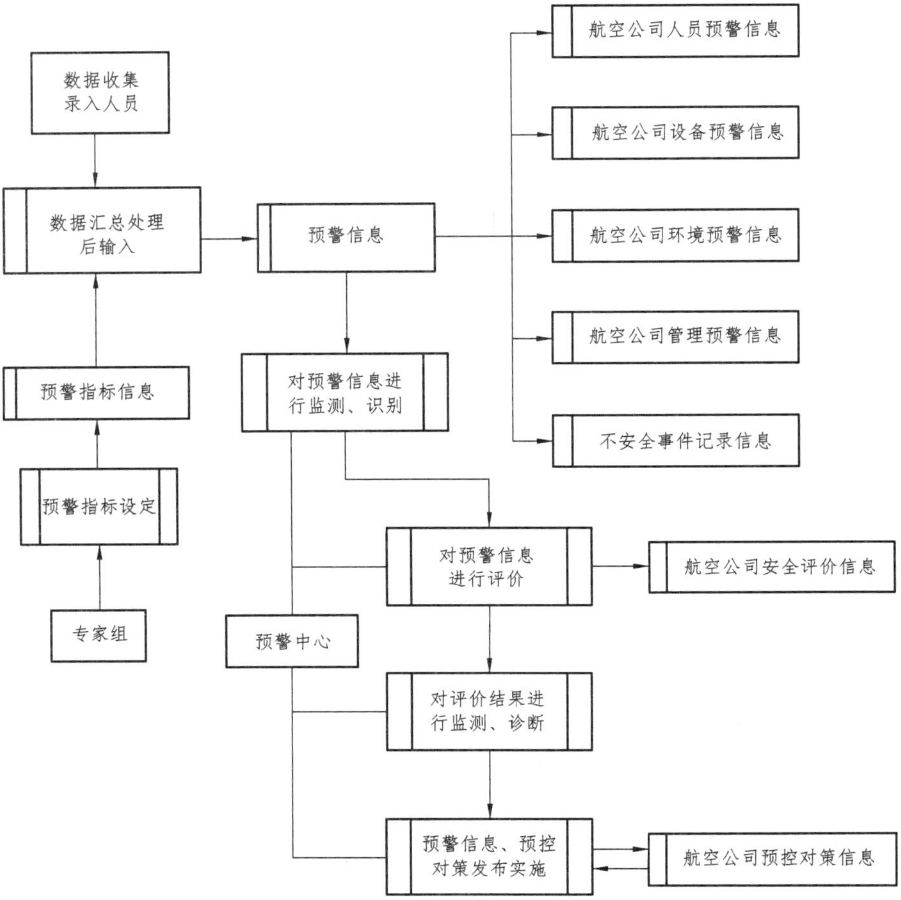

图 7-2　预警数据流程图

第二节　航空公司安全预警管理方法

一、航空公司安全预警管理方法体系

航空公司安全预警管理方法体系由预警信息系统、预警指标体系、预测系统、预警准则和预控对策系统等不同方法构成。

1. 预警信息系统的方法

预警的主要依据是信息，因而必须建立灵敏的预警信息系统。预警信息是原始信息向征兆信息转换的结果。原始信息包括历史信息和即时信息，也包括实际信息和判断信息，还包括国内信息和国际信息，以及与航空公司相关的科技、经济和社会信息。

一个完善的预警系统需要有遍布海内外的信息网进行支撑。信息网的作用是进行信息收集、统计与传输。除信息网外，还应包括高效的中央信息处理系统，同时还应建立科学的信息推断系统。中央信息处理系统的功能是存储和处理从信息网传入的各种信息，进行综合、甄别和简化。信息推断系统是对缺乏的信息以及征兆信息进行推断。航空公司预警信息系统设计如图 7-3 所示。

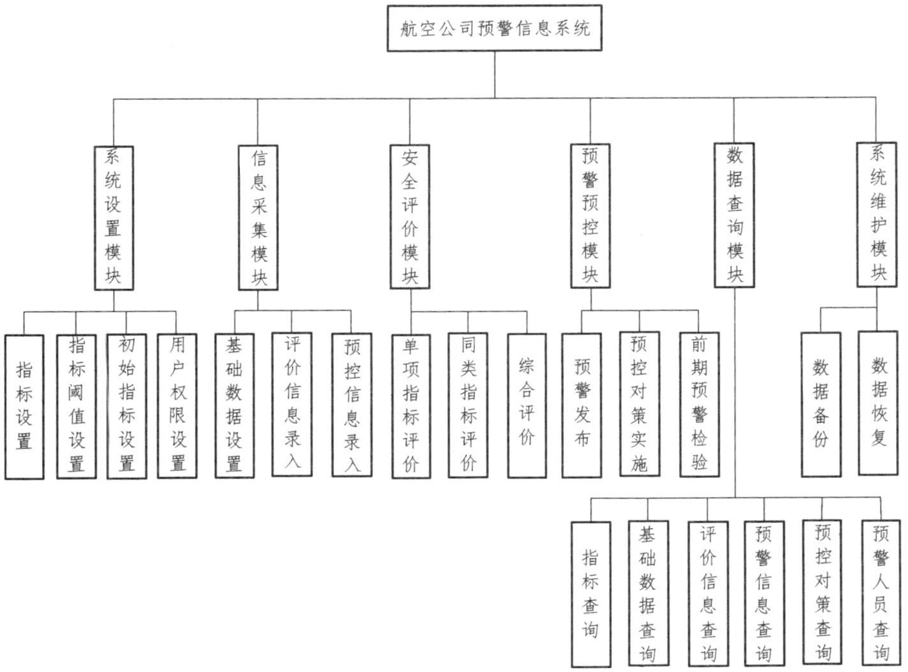

图 7-3　航空公司预警信息系统

2. 预警指标体系的方法

预警指标体系的目的是使信息定量化、条理化和可操作化。预警指标体系可以分为两类：潜在指标和显示指标。潜在指标要用于对潜在因素的定量化或对征兆信息的定量化；显示指标则主要用于显现因素的定量化或对现状信息的定量化。针对不同类型的航空灾害、不同类型的航空公司组织，预警系统的指标体系会有所不同，但最重要的是要选择重点指标和敏感指标，使预警指标体系能真正反映航空公司组织所面临风险的实际情况。

由于预警系统对航空公司安全状态的评价采用预警指标的方式进行，因而预警指标的设定对于系统的适用性和准确性起着至关重要的作用。预警评价指标体系的设计思路如下：

（1）指标体系的设计不能脱离现有的航空管理控制体系，应在现行的航空公司安全管理基础上，建立评价评估系统；

（2）指标的设计应考虑到指标数据是否容易收集和进行准确评价；

（3）指标之间应相互独立地反映内容，即内容不能重复；

（4）指标的选择和权重的设定，以致最后的评价结果应能真实准确地反映当前的安全状态；

（5）指标的评价分为单项指标评价和综合指标评价，单项指标评价里又分为 4 项，即事件原因的评价、人及班组的评价、飞机状态的评价和其他外部环境的评价。综合指标的评价是对航空公司整体安全状态的评价。

3. 预测系统的方法

预测系统的功能是进行必要的未来预测，主要包括以下几个方面。

（1）对现有信息的趋势预测，其预测方程是：

$$Y = f(t)$$

式中　Y——预测变量；

t——时间。

（2）对相关因素的相互影响进行预测，其预测方程是：

$$Y = f(X_1, X_2 \cdots\cdots X_n)$$

式中　Y——预测变量；

$X_1,X_2,\cdots,X_n$——影响变量 Y 的一些相关变量。

（3）对征兆信息的可能结果进行预测。

（4）对偶发事件的发生概率、发生时间、持续时间、作用峰期以及预期影响进行预测。

4. 预警准则及方法

预警准则是指一套判别标准或原则，用来决定在不同的情况下，是否应当发出警报以及发出何种程度的警报。预警准则的设置要把握尺度，如果准则设置过松，则会使得有危险而未能发出警报，造成漏警，从而削弱了预警的作用。如果预警准则设置过严，则会导致不该发警报时却发出了警报，导致误警，会使有关部门“虚惊一场”，而频繁的“虚惊”又会产生“狼来了”的不良效果，即多次误警会导致航空公司组织对警报信号失去信任。一旦航空灾害真要来临而预警系统又正确发出情报时，有关部门可能认为是误警而不加理睬，结果导致航空灾害且损失更加严重。

预警准则的设计可以采用多种形式，从大类上来分，主要有以下几种。

（1）指标预警。

指标预警是根据预警指标数值大小的变动来发出不同程度的警报。假设要进行警报的指标为 X，设它的安全区域为 $\{X_a,X_b\}$，其初等危险区域为 $\{X_c,X_a\}$ 和 $\{X_a,X_b\}$，其高等危险区域为 $\{X_e,X_c\}$ 和 $\{X_d,X_f\}$，则基本报警准则如下（见图 7-4）。

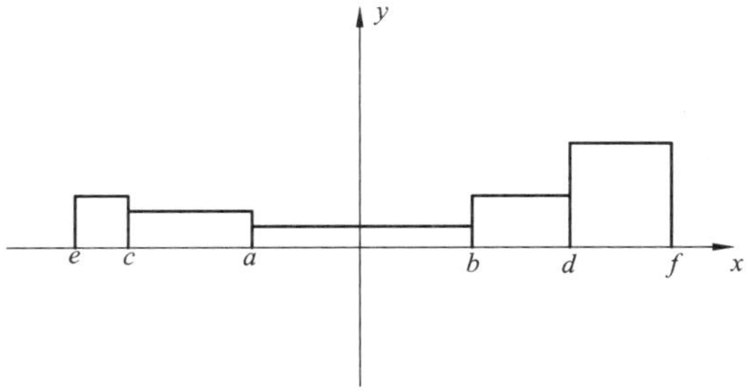

图 7-4　指标预警值域图

当 $X_a < X < X_b$ 时，不发出警报；

当 $X_c < X < X_a$ 或 $X_b < X < X_d$ 时，发出一级警报；

当 $X_e < X < X_c$ 或 $X_d < X < X_f$ 时，发出二级警报；

当 $X < X_e$ 或 $X_f < X$ 时，发出三级警报。

但如果严格按照上述指标预警方式来操作，则有时出现的偶然波动或一次性的波动也会导致报警发生，有可能产生误警。因此，当某一指标发生波动时，可以留一定的观察期来查看其变化，若指标在某一时刻落入危险区，但很快又恢复正常，且可以在安全区稳定一段时间，则应当推测该因素有偶然变化的可能。

（2）综合报警。

将指标预警方法与因素预警方法结合起来，并综合考虑诸多因素，可以得出一种综合警报方式。

（3）误警和漏警。

误警包括两种情况：一种情况是发出了某一风险出现的警报，而该风险最终没有出现；另一种情况是发出了某一风险出现的警报，该风险因素最终出现了，但其风险程度与预报的程度相差一个等级，或者风险出现的时间和警报所提出的时间相去较远。一般而言的误警指第一类误警。误警除了会造成“狼来了”效应外，还会增加航空公司预警成本，这种预警成本包括警报发出后采取预防行动所花费的成本以及其他相关成本（如停工等）。

误警的原因主要有：指标设置不当，如把一些对航空影响并不严重的因素设置成预警因素；警报准则过严，即在警报准则设计中，安全区设计过窄，危险区设计过宽；信息、数据有误。

漏警是指预警系统未曾发出警报但致错或风险因素最终发生了。漏警的原因可能属于小概率事件。为了减少预警工作量或去伪存真，一些属于小概率事件致灾因素会被剔除，而这些小概率事件也有可能导致航空灾难。

少量的误警和漏警属于正常现象，而且两者还存在此消彼长的关系。如果放松警报准则，则虽可减少误警，但会增加漏警的可能性，反之亦然。

5. 预控对策系统方法

整个预警管理系统的科学方法可保证这样一个过程的运行：与本航空公司组织有关的内外信息通过信息网进入预警信息系统，经存储、处理、甄别和推断后，再分别进入预测系统和预警指标体系中。预测系统运用测试方法对未来内外环境状况进行预测，预警指标体系经过运算而估计出来逆境风险状况，所输出的结果进入预警准则中进行比较与判断，以便决定是否发出警报以及发出何种程度的警报。然后根据判断结果调用预测控制系统中预备的对策，最后发出警报信号以及显示预控对策信息。

当决策者接收到预警信息以后，要根据预警信号在短期内做出大致判断，以揭示预警信号意味着什么，寻找引起风险的原因及根源，运用预控对策系统提示研究具体化的对策方案与措施，并尽快加以实施。

在预警系统的整个运行过程中，还有许多问题要进一步探讨，包括如何及时地更新预警信息库、补充新的信息，删除陈旧的、被证明是错误的信息；如何定期对预测系统预警准则、预控对策系统进行修正、完善；如果出现误警或漏警，如何深入分析其原因等。由于不确定性因素的存在，误警或漏警在所难免，但如果频繁出现误警或漏警，便属于不正常现象，一般可推定预警系统的方法有技术性缺陷存在，应予以修正。

二、航空公司安全预警管理指标体系设计

航空灾害的发生具有早期征兆且可以被测评，为此可以建构航空灾害预警监测指标体系和评价范围。航空灾害预警指标体系的构建原理涉及航空灾害预警指标的设计标准、预警界限评价方法、输出信号方式等。

选择适用的指标来建构预警指标体系是保证预警效果的关键。在设计指标体系时应遵循以下原则。

1. 科学性

以系统科学原理为指导，对所收集的信息进行“非优状态”的分析与综合，找出致灾现象的主、次作用因素和内、外环境因素，使其表述

为致灾现象的主要特征量，即把致灾现象的征兆用数据指标来描述出来。通过综合处理，使这些特征量成为预警信号系统的输出信号图，指明航空安全运行状态所处的境况。每项指标的概念要能科学反映被评价对象或目标的特性和性质。

2. 实用性

根据实用化、规范化的基本要求，建立相应的预警评价指标，并用不同模块的评价指标构成一个评价指标体系。每项指标的设置都必须有足够的基础数据的支撑，便于量化，计算简便可行，实施和考核方便，可操作性强；尽量吸收归纳民用航空现有的安全评价指标，并根据管理原理进行修正和重新归类组合。

3. 可比性

既可对指标在不同时段的状况纵向比较，也可以对民航系统内同一时段不同公司的被评价指标进行横向对比分析。

4. 关联性

可全面系统地收集航空活动中安全管理失误，安全管理波动的发生背景、发展过程与后果影响等信息，以此排列出各种致灾现象的分布领域、作用范围。指标体系中的每一项指标，要求从某一角度正确反映预警的内容及内在联系，使指标与指标间形成相互关联的有机整体。

5. 灵敏性

评价指标要灵敏地反映航空交通灾害隐患程度及主要致灾因素的危险状态，以及安全管理波动变异趋势，达到预先报警的目的。

三、案例分析

某日 12:38—12:43 AOC 运行监控中心从航班运行监控系统监控到某航班盘旋等待告警，立即通过 IOPS 向相关席位发布监控提示，并重点监控该航班。AOC 放行控制中心收到提示后，立即评估航班油量，机上剩油 4.7 吨，预计前往最远备降场呼和浩特落地剩油 2 吨，前往西安落地剩油 2.3 吨（A320-232 机型最后储备油量 1.3 吨），然后联系 AOC 运行监控中心确认盘旋具体原因。AOC 运行监控中心通过 ACARS 向机组询问具体情况。

12:45—12:47 AOC 运行监控中心未得到机组回复，遂电话向银川空管确认，了解到航班盘旋原因是前面有一故障飞机占用 03 号跑道，需等待占用跑道飞机拖离。AOC 运行监控中心再次发布监控提示，说明盘旋等待的原因。

12:47 AOC 运行监控中心从航班运行监控系统监控到备降告警，机组计划前往西安备降。AOC 放行控制中心评估此时机上剩油为 4.2 吨，前往西安备降需要 2.4 吨，预计落地剩油 1.8 吨，西安天气与通告适航，立即通过 ACARS 向机组发送西安天气，并提示机组注意油量。

12:48—12:50 AOC 放行控制中心通过卫星电话与机组取得联系，机组告知银川机场有一成都航空飞机因起落架前轮转弯故障占用跑道，航班已在空中等待 15 分钟，落地预计还需空中等待 20 分钟，考虑油量原因，机组与放行签派员共同决定前往西安备降。AOC 运行监控中心通过 IOPS 系统向 AOC 各席位发布航班备降信息。

12:57 AOC 放行控制中心通过 ACARS 向机组再次确认油量信息，机组回复预计在西安落地剩油 2.6 吨。

13:00 AOC 运行监控中心电话向银川空管确认到故障飞机已拖离跑道，跑道正常可用。

13:35 3U3841 在西安正常落地，剩油 2.5 吨（A320-232 机型最后储备油量为 1.3 吨）。

从航班放行至备降期间，未收到银川机场因飞机占用跑道导致跑道或机场临时关闭的通告，未收到其他不正常信息。

第一，从公司手册管理上看，手册内容中包括盘旋等待监控流程、目的地机场临时关闭处置流程以及备降处置流程，也就是有预控对策。第二，监控系统在航班盘旋等待超过 15 分钟就会告警，AOC 就会将该航班标记为重点监控航班，这里是明显的指标预警，应该也不会产生漏警和误警。第三，案例中还有燃油的监控，手册明确 A320-232 机型最后储备油量为 1.3 吨，在整个事件的处置中签派员一直在监控燃油，保证不会出现低油量事件。这就是航空公司在航班放行至备降期间，未收到银川机场因飞机占用跑道导致跑道或机场临时关闭的通告，未收到其他不正常信息时，成功的安全预警管理案例。

第三节　航空公司危机预警管理

航空公司危机的预警管理，相对于航空公司安全预警管理的常态管理而言，更加紧迫，本节将对其进行详细讨论。

航空公司危机的预警管理，是指航空公司组织为降低航空公司危机情景带来的威胁所进行的战略规划与不断调控和反馈的动态调整过程，可视为战略管理重要的一环。航空公司危机预警管理在内涵上应包含四大重点：建立危机预警（预测危机）、解剖危机内涵（找出危机的致命症结）、隔离危机（防止危机蔓延扩大）和危机免疫（防止危机再次发生）。

一、航空公司危机的类型

对航空公司危机形态进行科学的分类，可以清晰地描述航空公司危机的各种征兆。

按危机发生的形式分类，可分为潜在的危机和意外的危机。这是以危机发生的情况为依据，主要说明危机是逐渐发生还是突然发生。

按危机发生的原因分类，可分为内部危机和外部危机。以危机发生的原因分类在于以内部还是外部为依据。

按危机发生的客体分类，可分为人的危机和物的危机。它以安全危机发生的客体是人或物为依据。

按危机的状态分类，可分为静态危机和动态危机。动态危机是由经济、社会结构的变化所导致；静态危机则是由于自然力量的不规则变动或人为过错所导致。

二、航空公司危机预警管理的流程与方法

航空公司危机预警管理一般分为四个阶段，预测阶段、预防阶段、处置阶段和免疫阶段，每个阶段各有其管理原则和方法。

1. 危机预测及其管理原则和方法

在航空公司危机预警管理的第一阶段，核心任务是对危机进行预知和预测。为此，首先需要进行广泛的收集工作，然后是对已收集到的信息进行详尽的分析和评估，并将结果迅速上报或分送有关决策者，建立危机的信息管理系统。由于危机常常是多因素构成和多方向扩散，因此，危机管理信息系统的信息传递渠道，除了常规渠道以外，还要有一定的特殊渠道，以防止有价值的情报因“系统阻梗”被搁置或延误。

危机预警管理的信息价值观与日常的信息价值观十分不同，有些甚至是截然相反。危机预警管理的信息管理有几条极为重要的原则。

（1）“报忧不报喜”原则。

航空公司组织各层次的管理者在平时上报材料时总是有喜有忧，甚至更多的是存在着“报喜不报忧”的偏好或倾向。但是，当组织处于危机之中时，决策者首先需要的是“忧”的情报信息，而不是“喜”的情报信息。总而言之，危机预警管理最需要的情报信息，常常是那些令人讨厌的“坏消息”。

（2）紧急报告事项指定原则。

在危机状况下，需要将信息快速收集、传递至决策者，甚至不分昼夜，随时呈报；但又不能事无巨细，无所不报。事事呈报，会使决策者不得要领，反而淹没了真正有价值的重要信息，还容易形成“狼来了”效应。因此，必须指定需要紧急呈报的重要事项。

（3）再确认原则。

对于信息源以及信息本身，有必要进行再确认，以免信息有误。

2. 危机预防及其原则和方法

航空公司危机预警的第二阶段是预防和规避危机。对于“天灾”，在现阶段固然难以完全避免，但在航空事故中，大多是由于安全认识不足、

安全管理松懈等人为因素造成的“人祸”，在预防和规避方面存在着相当大的回旋余地和可能性。

在危机预防阶段，首先是要确定危机的性质，分析危机产生的原因，测定危机所可能造成的损害程度，并进行最坏的准备，选择和确定危机管理的最佳技术方案，并准备出第二、第三等替代方案。在此阶段，要充分利用外部环境条件，做好人财物、硬件和软件等方面的准备，为工作人员提供尽可能多的便利条件和支持，创造良好的工作氛围，并将工作人员组成若干小组进行轮流值班。

3. 危机处置及其原则和方法

航空公司危机预警管理的第三阶段是危机的应对和处置，即防止危机态势的进一步扩大，在范围和程度上限制危机所造成的损失和危害，并有效地解决危机。这一阶段的要领是，在前期“悲观地准备”的基础上“乐观地实施”，也就是要保持信心。

4. 危机免疫及其原则和方法

在航空公司危机预警管理的第四阶段，即当危机被克服之后，一项重要的工作就是要制定或调整计划，重新开展日常业务，使组织和工作秩序恢复到正常状态，如对航空灾害中的死伤人员进行补偿，修复工作设备、建筑物等。

航空公司危机预警管理的最后一道工序实际上是下一次危机来临时的第一道工序，要积极地总结经验教训，并做出相应的改进，以增强航空公司组织对危机的免疫功能，预防和防止危机的再次发生。

第四节　系统论视角下航空公司运行安全预警管理

一、系统论基础理论

系统论，是研究系统的结构、特点、行为、动态、原则、规律以及系统间的联系，并对其功能进行数学描述的新兴学科。系统论的基本思想是把研究和处理的对象看作一个整体系统来对待。

系统论的主要任务就是以系统为对象，从整体出发来研究系统整体和组成系统整体各要素的相互关系，从本质上说明其结构、功能、行为和动态，以把握系统整体，达到最优的目标。

1. 系统论概述

宇宙、自然、人类社会，由于人类设定的参照系不同，而分属于不同的子系统。如果把世界上所有的存在划分为物质与精神世界，那么宇宙、自然、人类社会就通通属于物质与精神世界这个复杂巨系统。如果这样来看全宇宙，系统论就是具有哲学价值的世界观，所以可以说，宇宙是由具有组织性和复杂性的不同子系统构成的，这就是宇宙系统观。

同时系统论又有很多类似数学模型的具体方法，来面对具体的子系统，从科学工具的角度来看系统论，系统论又是具有哲学价值的方法论。总之系统论在具备系统科学的个性化属性的同时，又有别于具体的数学方法、物理方法或化学方法等具体科学门类的技术方法，从而具有普遍意义上的哲学属性，像宗教观、物质观、信息观一样，具有世界观和方法论意义。

2. 包含内容

系统论认为，开放性、自组织性、复杂性，整体性、关联性，等级结构性、动态平衡性、时序性等，是所有系统的共同的基本特征。这些，既是系统所具有的基本思想观点，也是系统方法的基本原则，表现了系统论不仅是反映客观规律的科学理论，具有科学方法论的含义，这正是系统论这门科学的特点。

贝塔朗菲对此曾做过说明，英语 System Approach 直译为系统方法，也可译成系统论，因为它既可代表概念、观点、模型，又可表示数学方法。他说，我们故意用 Approach 这样一个不太严格的词，正好表明这门学科的性质特点。

（1）核心思想。

系统论的核心思想是系统的整体观念。贝塔朗菲强调，任何系统都是一个有机的整体，它不是各个部分的机械组合或简单相加，系统的整体功能是各要素在孤立状态下所没有的性质。他用亚里士多德的“整体大于部分之和”的名言来说明系统的整体性，反对那种认为要素性能好，整体性能一定好，以局部说明整体的机械论的观点。同时认为，系统中各要素不是孤立地存在着，每个要素在系统中都处于一定的位置上，起着特定的作用。要素之间相互关联，构成了一个不可分割的整体。要素是整体中的要素，如果将要素从系统整体中割离出来，它将失去要素的作用。

（2）基本方法。

系统论的基本思想方法，就是把所研究和处理的对象，当作一个系统，分析系统的结构和功能，研究系统、要素、环境三者的相互关系和变动的规律性，并优化系统观点看问题，世界上任何事物都可以看成是一个系统，系统是普遍存在的。大至渺茫的宇宙，小至微观的原子，一粒种子、一群蜜蜂、一台机器、一个工厂、一个学会团体……都是系统，整个世界就是系统的集合。

（3）系统论任务。

系统论的任务，不仅在于认识系统的特点和规律，更重要的还在于利用这些特点和规律去控制、管理、改造或创造一系统，使它的存在与发展合乎人的目的需要。也就是说，研究系统的目的在于调整系统结构，协调各要素关系，使系统达到优化目标。

二、运行安全预警中的系统架构

针对运行中的某些薄弱环节采用相应的安全技术，使系统能够抵御来自内部或外部的针对各种对象的各种方式的攻击，防止有害信息的传播；能够提供严格的控制能力和高效的查证手段，实现比现有工作模式更加安全的工作与管理机制。

（1）实体安全：实体主要为计算机设备、网络设备和存储设备，防止地震、水灾、火灾等事故破坏，以及人为犯罪行为导致的破坏。

（2）系统安全：数据服务器运行在 UNIX 系统中，而 UNIX 操作系统符合 C2 级安全标准；同时，UNIX 系统提供了相应的备份与恢复机制，满足航空物探信息系统安全要求。

（3）网络安全：中心网络部门通过网络传输的认证、防火墙、入侵检测、对可疑信息审查分析等手段来保证网络的运行安全。

（4）数据安全：Oracle 数据库具有 C2 级安全标准，完全满足航空物探数据库存储安全的要求。除此之外，本系统架构还提供了数据使用权限、重要数据加密、数据日志跟踪和数据备份等功能来保障数据库数据安全。

（5）使用安全：通过用户身份认证和系统功能权限来控制本系统的使用安全。

运行安全预警中的系统架构如图 7-5 所示。

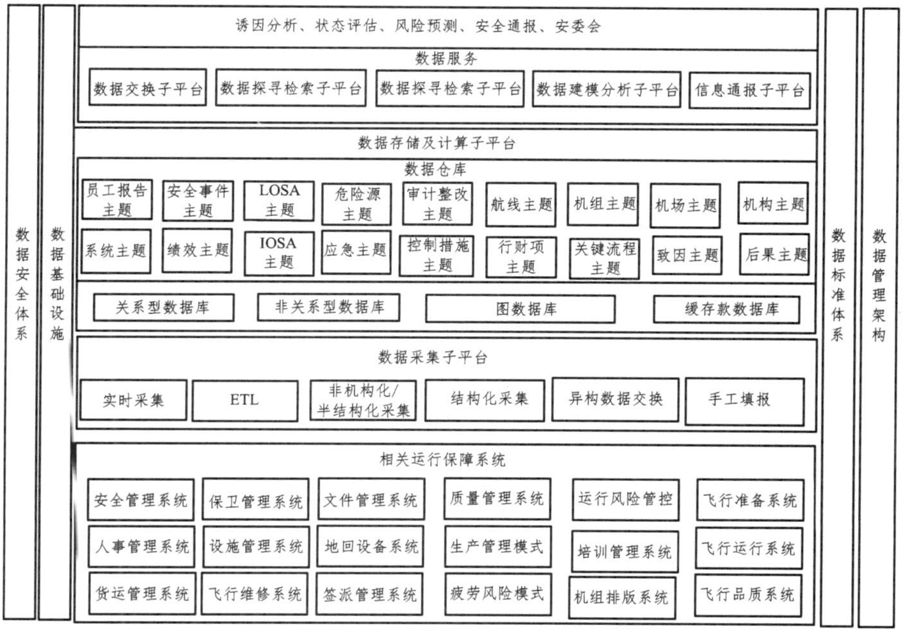

图 7-5　运行安全预警系统架构

第八章
航空公司应急处置与危机管理

第一节　航空公司危机的应急处置

一、航空公司应急管理体系概述

2018年3月，十三届全国人大一次会议表决通过了国务院机构改革方案的决定，批准设立中华人民共和国应急管理部。按照分级负责的原则，一般性灾害由地方各级政府负责，应急管理部代表中央统一响应支援，进行指挥。应急管理部的成立，修复了我国之前没有统一的灾害救援指挥机构和指挥中心的问题，进一步提高了灾害救援能力。

航空公司应急管理体系是一种系统的、积极主动的方案，用于指导航空公司各个生产运行部门和职能单元及机场、管制单位与政府各应急响应部门紧密合作，以达到预防、防范和应对由于任何原因、在任何地点发生、具有任何规模和复杂性的突发事件，以及从事件当中恢复、减轻事件影响、减少生命和财产的损失以及对国家产生的不良影响范围的目的。航空公司突发事件应急管理体系依托我国应急管理部相应政策共同发挥作用。航空公司突发事件应急管理体系提供了针对航空公司生产运行过程中管理突发事件的预案模板，而国家应急管理部提供了突发事件应急管理国家级政策的构成和运行机制。

1. 公司应急管理体系简介

航空公司突发事件应急管理体系使用系统的方法将现有的资源整合成公司实际运行的突发事件管理框架。突发事件管理指如何通过相应民航法规规章的要求，结合公司实际生产运行各部门之间采取联动措施对突发事件进行管理，包括事前预防、事中响应、事后缓解和恢复。

航空公司应急管理体系框架为确保各公共机构与社会服务机构共同实施一体化、有效的应急管理和突发事件响应行动的协同工作能力和相互兼容能力构建了夯实基础。针对实际发生或将要发生的自然灾害、恐怖活动或其他人为灾难及其威胁，建立和改进应急准备、响应以及恢复的所有必要行动的协调和整合。我国航空公司应急管理体系尚处于快速发展阶段，目前国内航司均有针对本公司航班生产运行特点制定的应急管理体系，同时为使用者提供了核心概念、原则、程序、组织流程、专业术语和标准化要求等。

航空公司应急管理体系是全面的、系统的突发事件管理方法，包括突发事件指挥体系、多部门协调体系和信息通报危机公关、针对突发事件的普适性的应急准备概念和原则、事件通报和统一指挥协调的一般处置流程、资源管理的标准化以确保不同应急响应职能单元、政府机构以及社会组织之间的协调配合，可进一步升级扩展，以至于可应用于所有突发事件（从航司大面积延误事件到航空器遇难等灾难性事件）。

在应急管理体系中，应急管理方针是应急管理的总方向和宗旨。风险辨识、风险评价和风险控制是应急管理体系的核心主线，其过程和输出是整个应急管理体系的基础，是建立应急管理体系的开端。对风险辨识、风险评价和风险控制的策划为其与其他应急管理体系要素之间建立了明确而显著的联系。因此，应急管理方针必须体现自身在风险辨识、风险评价和风险控制方面的特点，并适合面临的风险的性质和规模。同时，为了体现应急管理体系积极向上的精神，应急管理方针还应包含持续改进的承诺。虽然应急管理方针统领和指导一切应急管理活动，但还必须通过应急管理方案加以落实。

应急管理体系最重要、最突出的特点是，它强调危机管理“人人有关、人人有责”。应急管理既涉及每个社会成员的切身利益，又需要每个社会成员积极参与、支持和配合。因此，为确保应急管理体系有效实施和运行，需建立合适的组织结构，确定每个社会成员在应急管理体系中的作用、职责和权限。为了使每个成员能更好地履行其职责，还应采用培训方式强化其危机管理意识和能力。另外，政府和其他相关方就应急管理事务进行沟通，可以充分调动各方参与危机管理的积极性，使应急管理变成社会各方面的共同事业。

对于应急管理体系来说，具有好的应急管理方针和管理方案并不意味着就一定具有好的结果。为此，应对与所认定的、需采取控制措施的与风险有关的运行和活动实施运行控制，以确保这些运行和活动在规定的条件下执行。有时，尽管实施了一系列的风险控制措施，但可能还会出现风险失控和其他紧急情况。因此，为了最大限度地预防和减少随之引发的损失，还需建立并保持应急准备和响应的计划和程序，处理这些紧急情况。

在应急管理体系实施和运行过程中，需要不断地进行绩效评定和监视，如果发现处理应急采取的措施不当等，则应及时采取纠正和预防措施，并通过管理评审实现管理体系的改进和管理水平的提升。总之，应急管理体系运行过程是一个动态循环并持续改进的过程，应根据对持续改进所做出的承诺，对照检查应急管理方针和其他要素，以确保应急管理体系实现持续适宜性、充分性和有效性，达到持续改进的目的。

2. 航空公司安全运行管理

民航安全管理体系是民航业内一种新的航空安全管理理念，是利用建设安全管理体系来落实民航飞行安全的基本保障，但民航飞行包含很多不确定因素，例如雷雨、风向都会影响民航飞行的安全问题，因此在制定民航安全管理体系时，要遵循以下原则：

一是安全原则，任何行业都要将安全原则放在首位，而民航企业更是如此。在制定安全管理体系时一定要符合安全法规与规章制度的要求，尽可能降低安全问题造成的不必要损失，民航企业一定要确立相应的规章制度让在岗员工规范自身的行为，以预防安全事故的发生。

二是商业原则，企业追求的目标就是利益最大化，民航企业也是如此。在建立民航安全管理体系时，要在确保安全有保障的基础上再追求企业利益最大化，民航企业最高管理者要改变传统“效益最大化”理念，重新树立如何“获得最大化效益”，充分运用安全管理体系，获得多方面的最大效益。

现代安全管理和安全监督活动日益倾向于注重过程控制的系统方法，而不仅仅是对最终结果开展检查和补救措施。理解安全管理体系的概念可以从安全管理和安全运行入手。

安全对于民航而言，通常被定义为人员伤害或财产损失的风险在可接受的水平或其以下的状态。现代安全管理在继续注重实践管理的基础上，更为注重事态管理，即通过持续的风险管理，将人员伤害或财产损失的风险降至并保持在可接受的水平或其以下的状态。

安全管理体系是指在规定环境下完成任务或目标的人员和其他资源组成的综合的网络。安全管理体系是管理安全的一种系统方法，包括必要的安全政策、组织机构、责任、程序及措施等。安全管理体系高效化，其必须包括：完成必要活动的职责及权利；员工需遵守的程序；对组织管理活动和监督活动的控制；对过程及结果的考核；明确运营人内部每个人与其所在部门的关系，以及运营人与外包方、供应方、客户及其他有业务的单位间重要的相互关系或联系；完成必要活动的职责及权利。

安全管理体系是一种方法论：从上到下，所有的工作领域，应用系统化的方式来管理安全的相关工作，确认工作中潜存的风险，并将其控制在可接受的范围之内；也是一个工具箱：它包括航空组织在提供服务时为控制由危险源带来的安全风险所需要的各种工具；还是一系列工作：不间断的危险源识别、安全数据收集和分析、安全风险评估和减缓政策的执行。我国民航企业安全管理的纪录处于较为领先的水平，但是随着运输量的增长，如果不采取有效措施，事故的总次数将不为公众所接受，解决这个问题的最好办法就是将安全管理融入日常的运行管理中，并采取更为主动的安全管理模式降低事故率。运用系统方法管理安全可以使运营人通过恰当地确定安全责任，鼓励全员参与，实施风险管理，有效地配备资源，实现主动安全管理，在满足规章的基础上，不断提高运行水平；并通过健全内部安全保证体系，为管理层提供监控安全相关过程的结构化方法，实施安全绩效管理，加强安全文化建设，形成自我管理、自我改进的机制，实现闭环管理，改善安全业绩。

二、航空公司应急管理业务连续性

1. 突发事件概述

突发事件是指在出人意料的情况下发生，并且能够引起民众伤亡、财产损失、自然状况威胁以及社会不良危害后果，对群体安全造成威胁的事件。对于突发事件的应急处置工作，我国保持着一贯的高度重视，如 2007 发布的《中华人民共和国突发事件应对法》，在该法规生效后不久，我国又积极完善突发事件的相关法律法规。《中华人民共和国突发事件应对法》对突发事件有了相对权威的定义：突发事件是指突然发生、造成或可能造成严重社会危害并需要采取紧急措施的事件。分为自然灾害、事故灾难、公共卫生事件和社会安全事件，同时根据其危害的严重性以及影响范围，把突发事件分为特别重大、重大、较大和一般四个等级。

在民用航空领域，突发事件处置不当产生的后果比其他行业更为严重。对于航空公司而言，突发事件将造成公司非预期不规则运行，打破运行的正常程序，导致安全等因素无法得到保证。

航空公司突发应急事件可分为 5 类，如图 8-1 所示。

图 8-1 中的应急事件的分类定义解释如下：

航空器失事：飞行员操作不当，飞行条件恶劣，造成飞机严重损坏，大量人员受伤。

危险品严重泄露：危险物品在航空器上的泄漏，危及旅客、机组人员和航空器的安全，必须紧急处理的情况。

航空器失去联系：当飞机超过位置报告时间 30 分钟时，飞控部门人员尚未取得与飞机的通讯。

航空器被劫持：犯罪嫌疑人未能达到违法目的，以暴力或其他手段迫使机组人员改变预定航线或降落地点，使飞机成为犯罪嫌疑人的目标。机组人员和乘客的安全受到严重侵犯，随时可能发生涉及人员伤亡的紧急事件。

航空器发现爆炸物：任何人使用炸弹、其他爆炸物品或危险物品，以达到警告飞机操作员在飞机上使用爆炸装置的危险的目的或其他方法。

航空卫生类应急事件：突然发生可传染的疾病，如新型冠状病毒、鼠疫黄热病、艾滋病、Ebola Virus 或其他对人员能够造成伤害的疾病。

民航运行类应急事件：由航空安全和运行条件不足而造成的事件。

航空器在地面起火或爆炸：如果飞机在地面停留，包括停留或修理期超过规定期限，爆炸或火灾可能是由于人员或地面设备或自然原因造成的。

运行信息系统重大故障：信息系统、运行补充控制生产和销售系统，预计恢复时间超过 1 小时或没有恢复的时间，这将严重影响公司的正常运行，甚至可能危及飞行安全。

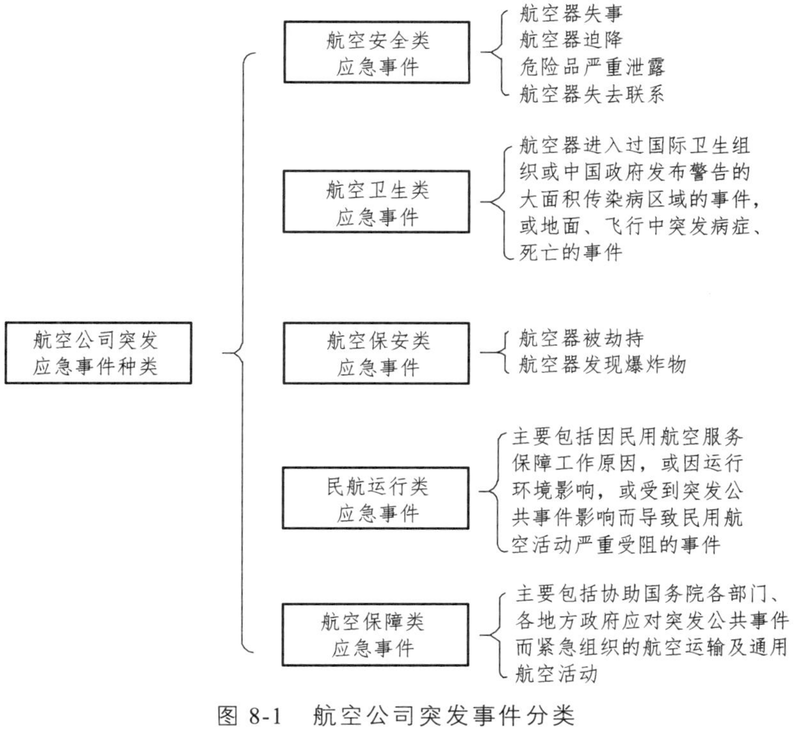

图 8-1　航空公司突发事件分类

2. 应急处置

应急管理的定义是在处理不确定事件的过程中，为了降低不确定事件后果的严重性，分析不确定事件产生的原因、运行情况不确定事件和不确定事件可能产生的有害后果，在各种应急资源和应急方案的选择过程中，通过管理分析做出最优决策，从而对不安全事件进行有效处置的过程。应急处置是应急管理下形成的“肌肉记忆”，所以需要平日的大量演练和经验总结。它需要在最短的时间内了解事件过程并做出决断，将突发事件造成的不良后果控制在可接受的范围之内。

应急处置是一个动态的过程，贯穿突发事件事前、事中、事后三个过程，是一个围绕预防（Prevention）、准备（Prepare）、响应（Response）和恢复（Recovery）四个阶段的动态过程，如图 8-2 所示。

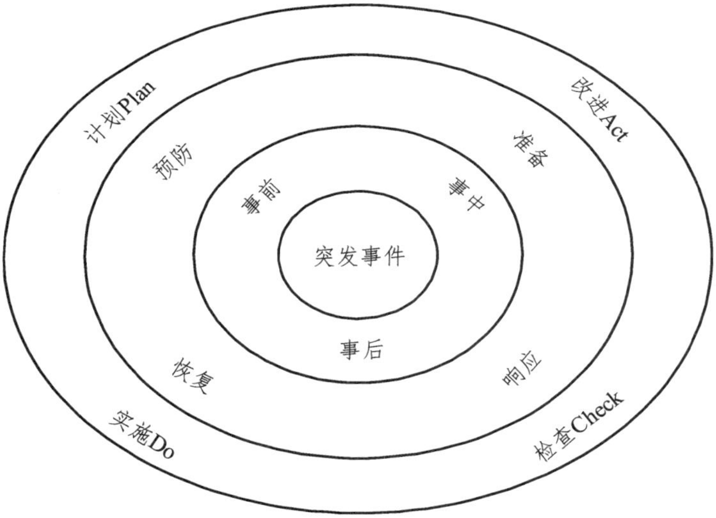

图 8-2　应管理动态过程

3. 业务连续性

业务连续性的概念是从 20 世纪 70 年代中期开始的，灾后恢复是从自然灾害或技术灾害后进行恢复。恢复信息系统的硬件和软件，恢复正常的商业交易，这是更广泛的商业计划的一部分。它的基础是风险评估，企业或组织的活动预防，特别是必须及时记录的关键业务数据、备份和保护程序。

业务连续性是从灾难恢复演变而来。它采用技术和管理手段，保证数据的稳定性和可用性，实施效果是在不影响公司业务的前提下，使系统恢复到崩溃前的状态。在最近这段时间，业务连续性慢慢取代了灾难恢复成为主流。许多公司开始以保障业务连续性为安全生产的标准，在公司高层应用了业务连续性的系列保障措施，从而保证了业务的安全性和可靠性。

国内外业务连续性组织目前较有影响力的有 3 个：国际灾难恢复协会（DRII）、国际业务连续性协会（BCI）和英国标准协会（BSI）。

国际灾难恢复协会 DRII（Disaster Recovery Institute International）是 DR（灾难恢复）和 BC（业务连续性）专业领域的国际性非营利性机构组织之一，始建于 1988 年，其总部位于美国，主要致力于建立本行业的标准以及灾难恢复、业务连续性规划和管理领域的知识普及、专业咨询、教育培训和专业认证等业务。

国际业务连续性协会 BCI（The Business Continuity Institute）成立于 1994 年，为全球提供关于灾难备份和业务连续性的专业指导机构。协会致力于提高行业专业水平的业务连续性标准和商业规范的开发和维护。该机构拥有遍布全球的 1650 名 DR/BC 业务领域专家会员，提供专家会员的国际交流和培训。2002 年，BCI 发布的主要文件为《业务连续性管理：最佳惯例指南》，文中指出业务连续性管理生命周期是一个由以下 6 个阶段和部分组成的相互作用的过程：理解业务，业务连续性管理策略，制定与实施业务连续性管理反应机制，建立和培养业务连续性管理文化，演练、维护与审核，业务连续性管理项目。

英国标准协会（BSI）成立于 1901 年，当时称为英国工程标准委员会。作为世界上第一个国家标准组织，BSI 管理着 24 万个现行的英国标准、2500 个专业标准委员会，参加标准委员会的成员达 23 万多名，BSI

正在进行着 7000 多个标准项目的研发。BSI 公司在 2007 年正式发布了业务连续性管理的标准 BS25999，目的就是使业务连续性管理有章可循。作为一套整体的管理标准和管理流程，BS25999 标准协助企业进行业务冲击分析及风险分析，并将其量化，继而开发制定各种相应应急及恢复计划、方法和流程，减轻灾难事件对企业造成的不利影响。

为加强我国信息安全保障工作，2003 年 9 月，中共中央办公厅、国务院办公厅转发了《国家信息化领导小组关于加强信息安全保障工作的意见》(中办发〔2003〕27 号)，其中明确提出要重点保障重要信息系统的安全。当前，银行、电力、民航、铁路、证券、海关、税务、保险等信息系统以及基础信息网络中的网管、计费和互联网域名注册信息系统(以上统称重要信息系统)的安全直接影响到国民经济的正常运行和群众生活，直接关系到社会稳定和国家安全。做好灾难备份工作，是保障重要信息系统安全稳定运行的关键环节。国务院信息化工作办公室于 2004 年 9 月份下发了《关于做好重要信息系统灾难备份工作的通知》，文件强调了“统筹规划、资源共享、平战结合”的灾备工作原则。为进一步推动 8 个重点行业加快实施灾难恢复工作，国务院信息化工作办公室于 2005 年 4 月份下发了《重要信息系统灾难恢复指南》，文件指明了灾难恢复工作的流程、灾备中心的等级划分及灾难恢复预案的制定。

4. 应急管理与业务连续性

应急处置的概念提出是因为有突发事件产生，处置的内容是突发事件的全过程。

业务连续性管理是一个集成的管理过程，为响应业务中断，确保企业或组织的业务持续运作的管理过程，其中包括建立业务连续性计划、建立业务连续性组织架构、制订应急响应计划和灾难恢复等。

应急处置关注的重点是整个突发事件每个阶段对集体的影响和带来的后果，以 MH370 事件的发展为例。如果将国家看作一个整体，MH370 事件的发生打破了这个整体的业务连续性，主要受到影响的方面有该次飞行的正常运行、其他相关航线的正常运行、社会舆论、人员的生命安全和家属援助等。在事件发生之后，当地政府立即采取了一系列应急处置程序。首先，要全面控制失联航班的特点和失联地区的影响。随后，中国驻马来西亚大使馆和中国驻越南大使馆根据反馈，立即启动相应的应急机制，在它们的能力范围内动员了所有的力量来应对紧急情况，积极回应飞机失联事故。在做好一系列的应急处置工作后，该事件在尽可能短的时间内得到了良好的控制，从 MH370 的舆论发展情况可以从侧面证实，如图 8-3 所示。

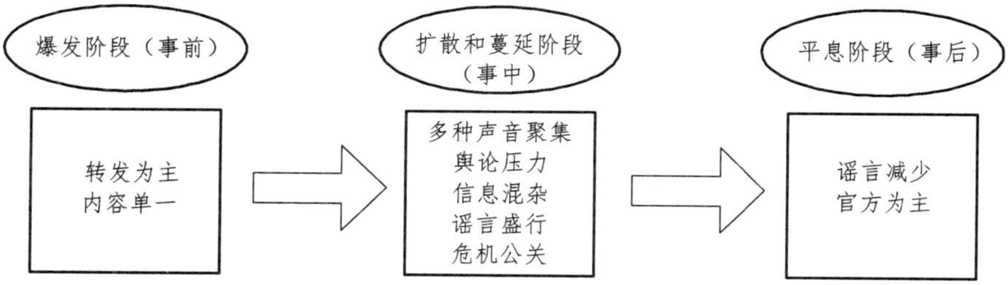

图 8-3　MH370 事件舆论发展

从突发安全事件本身来看，首先要进行预先应急准备，当突发安全事件发生后及时进行应急响应，保证安全并将所产生的损失降到最低，这是在完成应急管理的部分。将业务连续性尽可能快迅速恢复到原先水平，保证业务的连续，这是完成业务连续性的部分。

由此可见应急处置的目的就是保持业务连续性。在突发事件之后，业务连续性的重要性才体现出来，如何保证业务不中断或者快速恢复是关键问题。可见，应急管理与业务连续性管理的是被包含和包含关系，应急管理是业务连续性管理的子集。在实际情况下，如果将航空公司的业务连续性看作一根完整的木桩，将突发事件看作劈柴刀，由于突发事件而产生断裂的木桩，会由应急处置而黏合，应急处置就是黏合这根木桩的黏合剂，而黏合剂是否用对地方以及黏合剂本身质量情况将决定业务连续性是否能更好地恢复，如图 8-4 所示。

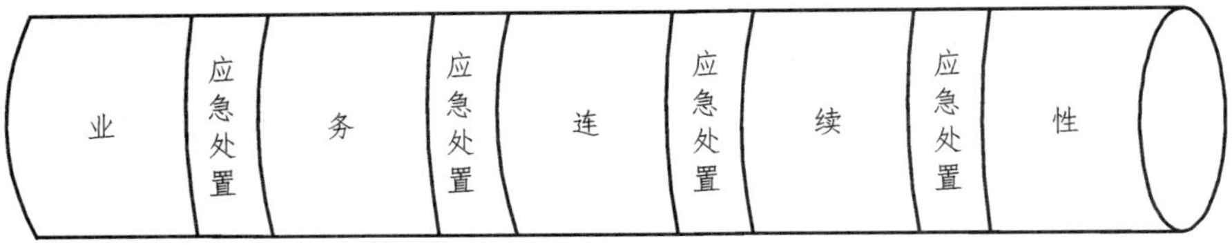

图 8-4　业务连续性与应急处置关系图

三、航空公司应急处置程序

1. 应急处置主要采取措施

1）信息通报

信息处置要求：签派通过口头、书面或电话的形式向 AOC 各席位（飞行派遣席、乘保调度席、机务 MCC、商务协调席、地面操作席）、航空安全管理部和总裁办公室通报应急信息和启动的应急程序。AOC 各值班席位人员在收到应急信息后，立即通知部门领导和相应的应急处置人员；AOC 值班经理通过各个公司系统向公司应急处置人员发送紧急信息和启动的应急程序，并以电话的形式通知应急总指挥和副总指挥；签派以电话的形式通知相应的机场、空管和局方；签派以电话的形式通知公司其他部门（保卫部、财务部、人力资源部、战略规划部、技术标准部、信息技术部）总经理，部门总经理在接到签派应急信息后，及时通知各部门相应的应急处置人员。在这一过程中需要完成的工作主要为通信联络及信息传递。主要通报的信息包括：

（1）事发的日期、时间和地点；

（2）航班号，航空器类别、型别、国籍和登记标志；

（3）机长姓名，机组、旅客和机上其他人员人数及国籍；

（4）任务性质，最后一个起飞点和预计着陆点；

（5）事故简要经过；

（6）机上和地面伤亡人数，航空器损坏情况；

（7）发生地点的地形、地貌、天气、环境等物理特征；

（8）发生后采取的应急处置措施；

（9）危险品的载运情况及对危险品的说明；

（10）报告单位的联系人及联系方式；

（11）其他有关的情况。

2）启动响应

公司一旦发生紧急情况会第一时间启动应急程序，公司各部门人员在第一时间获悉紧急情况信息时，立即通知公司 AOC 的签派席位值班员；公司 AOC 签派席位值班员接到相关的紧急报告时，立即记录在记录单，同时上报公司值班领导；由公司值班领导根据各自《应急处置手册》中紧急事件等级情况宣布相应的应急处置程序的启动，同时上报应急总指挥。启动应急信息后，公司应急办及时和所在地机场、空管和相关局方、政府等运行指挥机构进行联系和协调，及时将公司应急情况通过电话、传真等形式进行通报，寻求帮助和支援。公司航安部按照相关公司规定与民航当局进行沟通和协调。同时外单位启动应急后通知运行控制中心，运行控制中心通知公司应急管理办公室，公司应急管理办公室评估公司是否启动相应级别的公司应急预案来协调或配合外单位。此环节需要明确启动响应人、启动响应类别和级别、依据公司规模不同明确启动响应范围（全公司或总部、航站、外站、基地等），以此开展公司内部及外部各单位通报程序。

目前，国内航空公司应急处置主要采取的启动措施分级响应依据还没有统一的划分标准，按照事故响应类别及公司启动响应级别的不同制定符合航空公司自身发展的应急处置程序。

以国内 A 航空公司应急处置启动级别为示例，针对紧急事件所造成的危害性和影响面的不同，紧急事件等级可依据航空公司自身特点分为三大类以及 A/B/C/D（红橙黄蓝）四个等级。分级适用于公司航站级、总部级各应急响应单位。

应急事件响应类别如表 8-1 所示。

表 8-1　应急事件响应类别

航空器失事/事故	地面类紧急事件	空中紧急事件
当发生航空器失事/事故情况时，直接启动航空公司A级应急响应处置程序及流程	航空器地面失火：如果机上有旅客，启动B级橙色应急响应；如果机上无旅客，启动C级黄色应急响应。 航空器冲出、偏出跑道事件、遭遇非法劫持，造成人员伤亡、航空器受损等无法自行移动情况：启动公司A级应急响应。 危险品泄漏：如机上有旅客，启动公司B级应急响应；如机上无旅客，启动公司C级应急响应。 运行设备系统故障：发生电话线路故障、主要生产运行系统瘫痪、计算机系统受到攻击等情况，预计造成公司运行保障能力丧失一半以上，启动公司A级应急响应；预计造成公司运行能力降低30%~50%启动公司B级应急响应；预计造成公司运行能力降低10%~30%，启动公司C级应急响应；暂时未对公司航班运行效率和运行能力产生影响的，启动D级应急响应	当发生空中紧急事件情况时，按照公司《应急处置手册》中应急处置检查单及应急预案来执行启动应急处置流程。 参考紧急事件分类/分级索引和紧急事件响应启动指引表，根据紧急事件类型及危害程度评估或请求总部AOC带班主任、总部应急管理办公室协助评估应急响应等级。启动程序开始后进入指令发布阶段，直至应急处置解除指令发布后，部分工作仍然需要急需开展，如航空器修复、事件调查、保险索赔、机组和旅客善后处理等，涉及到的应急职能单元人员仍然需要履行其应急岗位职责，直到任务结束。之后进入应急处置讲评阶段，并对应急处置启动后事件的最新每日进展进行通报

2. 应急处置检查单

目前，国内大型规模航空公司通行的应急处置检查单模式均采用两种方式相结合的形式：基于功能组（业务单元）检查单和基于部门（席位）工作职责检查单。

以国内大型A航空公司为例，应急处置按照突发事件类别不同，航空器失事/事故按照功能组检查单执行，空中紧急事件按照部门检查单执行。

表8-2　国内A航空公司应急处置（基于功能组检查单）组织结构

功能组	负责单位	协助单位
运行协调	总值班经理室	运行指挥中心
飞机处置	机务工程部	/
客货安置	地服部	货运部、航卫部
机组安置	飞管部	广州飞行部、客舱部、保卫部
安全保卫	保卫部	/
新闻公关	宣传部	营销委、法标部、董秘局
后勤保障	办公厅	航服部、财务部、国际合作部、保卫部、信息中心
家属援助	工会办	地服部、营销委、航卫部
事件调查	安监部	法标部、总务部
保险赔偿	财务部	法标部、人力资源部

空中紧急事件检查单分成三个层级：

应急总指挥检查单、部门级应急处置预案检查单、处级应急处置流程检查单。

以国内B航空公司为例，应急处置采用启动业务单元的形式，根据不同级别的应急响应，启动不同应急处置业务单元的组合，再根据业务单元的牵头部门设置，按照部门级别检查单展开应急处置过程。

表 8-3　国内 B 航空公司应急处置（基于业务单元检查单）组织结构

职能单元	责任部门	协助部门
运行信息业务单元	运行控制部	应急管理办公室
家庭援助与派遣业务单元	客舱管理部	服务部、品牌部
技术支援业务单元	飞行部	运控部、维修工程部、信息技术部
事故调查业务单元	安全监察部	飞行部、运控部、维修工程部
危机公关业务单元	产品与品牌部	运控部、人力资源部
采购与支付业务单元	财务部	服务部、运控部、飞行部
呼叫业务单元	呼叫业务部	运控部、品牌部
法律事务业务单元	风控部	服务部、财务部
后勤保障业务单元	人力资源部	运控部
安保业务单元	安保部	服务部、事发航站

3. 终止响应

应急处置程序中终止响应的条件一般为：

（1）当政府领导的联合救援指挥中心宣布紧急救援行动终止后；

（2）经过局势评估，确认紧急反应的各项程序均已执行并获得预期成效，无须采取进一步行动。

设备方面，各参与紧急反应单位将紧急反应过程中所涉的相关设备设施逐步恢复到正常生产建制和原有的维护模式。

人员方面，各参与紧急反应单位应根据参与紧急反应人员的实际情况，在充分考虑到人员休整的情况下，逐步调整人员恢复到正常的生产岗位和排班秩序。

航班运行方面，依据相关职能部门针对紧急事件给公司正常运行所造成的影响的评估结果，对运力及人员进行调整，逐步恢复正常生产运行。

第二节　航空公司应急管理预警机制评价

一、多层次灰色理论模型

1. 构建指标体系

本章节主要把指标体系分成 3 层：目标层、准则层和指标层。其中目标层是航空公司应急管理预警机制评估，准则层包含航空公司参与机制、航空公司信息机制、航空公司运行保障机制、航空公司组织机制。指标层主要是结合航空公司应急管理预警机制评估的具体情况，用 16 个指标对 4 个准则层评价要素进行描述，如表 8-4 所示。

表 8-4　航空公司应急管理预警机制评估指标体系

总目标	一级指标	二级指标
航空公司应急管理预警机制评估	航空公司参与机制	人员危机意识
		人员参与度
		人员参与途径
		员工培训
	航空公司信息机制	信息共享
		信息监测
		信息决策
		信息公开
	航空公司运行保障机制	资金到位
		预警预案
		法律法规
		权责制
	航空公司组织机制	协调部门
		应急指挥部门
		监督部门
		技术支持

2. 评价指标权重确定

按上述评价指标体系评价时，对于指标权重的确定，采用层次分析法（AHP 法），通过成对比较并借助九级标度分层建立互反矩阵，然后求出它的相应于最大特征值的归一化特征向量，把它的分量作为权系数的方法解出。

（1）构造判断矩阵。

当比较第 i 个元素和第 j 个元素的重要性时，使用定量相对权重 a_{ij} 来描述它。根据专家的建议，可根据以下比例分配判断矩阵中的 a_{ij} 值表示相对的重要性。a_{ij} 取 1 ~ 9 与其倒数之间的值。

表 8-5　重要度定义表

数值	意义
$a_{ij}=1$	元素 i 比元素 j 对上一层的指标重要性相同
$a_{ij}=3$	元素 i 比元素 j 略重要
$a_{ij}=5$	元素 i 比元素 j 重要
$a_{ij}=7$	元素 i 比元素 j 重要很多
$a_{ij}=9$	元素 i 比元素 j 极其重要
$a_{ij}=2n$	n=1，2，3，4，元素 i 比元素 j 的重要性介于 $n=2n-1$ 和 $n=2n+1$ 之间

成对判断矩阵的特点：$a_{ij}>1$，$a_{ij}=1$，$a_{ij}=\dfrac{1}{a_{ij}}$。（备注：当 i=j 时候，$a_{ij}=1$）

（2）作一致性检验。

理论分析表明，如果矩阵是一个完全一致的成对比较矩阵，那么在构造成对比较矩阵时，应该存在：

$$a_{ij}a_{jk}=a_{ik},\ 1\leqslant i,j,k\leqslant n$$

但事实上，要满足上述许多方程是不可能的。因此，在成对比较矩阵中必须有一定的一致性。从分析中可以看出，完全一致的成对比较矩阵绝对值的最大特征值等于矩阵的维数。对于成对比较矩阵的一致性要求，所需的最大绝对值的特征值与矩阵的维数相差不大。对矩阵 A 的一致性检查实施步骤如下：

计算衡量一个成对比较矩阵 A（n>1 阶方阵）不一致程度的指标 CI：

$$CI = \frac{\lambda_{\max}(A)-n}{n-1} \tag{8-1}$$

RI 只与矩阵的阶数有关，可通过查表得到：

表 8-6 平均值

n	1	2	3	4	5	6	7	8	9
RI	0	0	0.58	0.90	1.12	1.24	1.32	1.41	1.45

按以下公式计算成对比较矩阵 A 的随机一致性比率 CR：

$$CR = \frac{CI}{RI} \tag{8-2}$$

判断方法如下：当 $CR < 0.1$ 时，配对比较矩阵 a 的一致性令人满意，或不一致程度可以接受；否则，对配对比较矩阵 a 进行调整，直至达到满意的一致性。

在进行标准化处理之后的向量称为权向量。权向量的各个分量决定了各个风险要素的相对重要性。计算最大特征值 $\lambda_{\max}$ 和特征向量的公式如下：

$$U_k = \frac{\sum_{j=1}^{n} a_{kj}}{\sum_{i=1}^{n}\sum_{j=1}^{n} a_{ij}}，\quad U=\left(u_1,u_2,\ldots,u_n\right)^{z} \tag{8-3}$$

可以近似地看作对应于最大特征值的特征向量。

$$\lambda = \frac{1}{n}\sum_{i=1}^{n}\frac{\left(AU\right)_i}{u_i} = \frac{1}{n}\sum_{i=1}^{n}\frac{\sum_{i=1}^{n}}{\frac{\sum_{j=1}^{n} a_{ij}u_j}{u_i}} \tag{8-4}$$

表 8-7　航空公司应急管理预警机制评估权重

目标层	准则层（权重）	指标层（权重）	权重
	航空公司参与机制（0.254）	人员危机意识	0.260
		人员参与度	0.345
		人员参与途径	0.207
		员工培训	0.188
航空公司应急管理预警机制评估	航空公司信息机制（0.234）	信息共享	0.284
		信息监测	0.256
		信息决策	0.223
		信息公开	0.237
	航空公司运行保障机制（0.276）	资金到位	0.235
		预警预案	0.235
		法律法规	0.235
		权责制	0.294
	航空公司组织机制（0.236）	协调部门	0.278
		应急指挥部门	0.286
		监督部门	0.274
		技术支持	0.162

经计算权重如表 8-7 所示，其中指标层为：$A_i(i=1,2,3)$，权重向量为 $\omega=(\omega_1,\omega_2,\omega_3)$；准则层为：$A_{ij}(i=1,2,3)$，权重向量为 $\omega_i=(\omega_{i1},\omega_{i2},\omega_{i3})$。

3. 确定评价灰类

在航空公司应急管理预警机制评估中，将评价等级分成：优秀、良好、中等、合格、不合格，为 $Q=[Q_1,Q_2,Q_3,Q_4,Q_5]$。

假设有 r 位专家进行评价，第 m 个专家对第 A_{ij} 个风险评估指标给出了分值为 d_{ijm}，得到样本矩阵：

$$D=\begin{bmatrix} d_{111} & d_{112} \ldots & d_{11r} \\ d_{121} & d_{123} \ldots & d_{12r} \\ \ldots & \ldots\ldots & \ldots\ldots \\ d_{441} & d_{442} \ldots & d_{44r} \end{bmatrix} \tag{8-5}$$

确定评价灰类需要确定评价灰类的等级、灰类灰数以及白化权函数。假定评级的灰类为 5 级，定性确定灰数 $\otimes=(9,7,5,3,1)$ ，对应的白化函数为：

第一类“优秀”灰数为 $\otimes_1\in[0,9,10]$，白化函数为：

$$f_1(d_{ijm})=\begin{cases} \frac{1}{9}d_{ijm} & d_{ijm}\in[0,9] \\ 1 & d_{ijm}\in(9,10] \\ 0 & d_{ijm}\notin[0,10] \end{cases} \tag{8-6}$$

第二类“良好”灰数为 $\otimes_2\in[0,7,10]$，白化函数为：

$$f_2(d_{ijm})=\begin{cases} \frac{1}{7}d_{ijm} & d_{ijm}\in[0,7] \\ \frac{1}{3}(10-d_{ijm}) & d_{ijm}\in(7,10] \\ 0 & d_{ijm}\notin[0,10] \end{cases} \tag{8-7}$$

第三类“中等”灰数为 $\otimes_3\in[0,5,10]$，白化函数为：

$$f_3(d_{ijm})=\begin{cases} \frac{1}{5}d_{ijm} & d_{ijm}\in[0,5] \\ \frac{1}{5}(10-d_{ijm}) & d_{ijm}\in(9,10] \\ 0 & d_{ijm}\notin[0,10] \end{cases} \tag{8-8}$$

第四类“合格”灰数为 $\otimes_4\in[0,3,6]$，白化函数为：

$$f_4(d_{ijm})=\begin{cases}\frac{1}{3}d_{ijm} & d_{ijm}\in[0,3]\\ \frac{1}{3}(6-d_{ijm}) & d_{ijm}\in(3,6]\\ 0 & d_{ijm}\notin[0,6]\end{cases} \tag{8-9}$$

第五类“不合格”灰数为$\otimes_5\in[0,1,2]$，白化函数为：

$$f_5(d_{ijm})=\begin{cases}d_{ijm} & d_{ijm}\in[0,1]\\ 2-d_{ijm} & d_{ijm}\in(1,2]\\ 0 & d_{ijm}\notin[0,2]\end{cases} \tag{8-10}$$

4. 计算灰色评价系数

对于评价指标A_{ij}，在专家评分中属于第$Q(Q=1,2,3,4,5)$，灰数的白化函数为$f_q(d_{ij1})$，$f_q(d_{ij2})$，…，$f_q(d_{ijr})$，即指标A_{ij}属于第Q个评价灰类的灰色评价系数为X_{ijq}，则有$X_{ijq}=\sum_{m=1}^{r}f_q(d_{ijm})$；记$U_{ij}$属于的评价灰类的灰色评价系数为$X_{ij}$，$X_{ij}=\sum_{v=1}^{5}f_q(d_{ijv})$。

对于评价指标A_{ij}，专家的第q个评价灰类的灰色评价权为r_{ijq}，则：

$$r_{ijq}=\frac{X_{ijq}}{X_{ij}}\ (q=1,2,3,4,5) \tag{8-11}$$

评价灰类有 5 个，评价指标A_{ij}对于各灰色评价权向量记为r_{ij}，则$r_{ij}=(r_{ij1},r_{ij2},...,r_{ij5})$，因此，由$r_{ijq}$构成的灰色评价权矩阵为：

$$R=\begin{bmatrix}R_1\\R_2\\ \cdots\\R_i\\ \cdots\\R_4\end{bmatrix}=\begin{bmatrix}r_{111} & r_{112} & r_{113} & r_{114} & r_{115}\\ r_{121} & r_{122} & r_{123} & r_{124} & r_{125}\\ \cdots & \cdots & \cdots & \cdots & \cdots\\ r_{ij1} & r_{ij2} & r_{ij3} & r_{ij4} & r_{ij5}\\ \cdots & \cdots & \cdots & \cdots & \cdots\\ r_{441} & r_{442} & r_{443} & r_{444} & r_{445}\end{bmatrix} \tag{8-12}$$

5. 综合评判矩阵

指标层指标 A_i 的评价向量记为 C_i，则有：

$$C_i = w_i \cdot R_i = (b_{i1}, b_{i2}, b_{i3}, b_{i4}, b_{i5}) \quad (8\text{-}13)$$

同理可得出：

$$C = W \cdot R = (b_1, b_2, b_3, b_4, b_5) \quad (8\text{-}14)$$

因素成熟度评判值为：

$$A_i = C_i \cdot Q^T \, (i = 1, 2, \cdots, 5) \quad (8\text{-}15)$$

综合成熟度评判值为：

$$A = C \cdot Q^T \quad (8\text{-}16)$$

二、多层次灰色理论模型分析

由于航空公司运行受到人、设备、环境和管理方面的影响，当突发事件发生时，将会对整个航空公司运行产生极大的影响。航空公司应急预警机制能够有效减少突发事件对航空公司带来的不利影响。灰色多层次综合评价是一种直接法，在评价过程中，利用已有的白化信息最大限度地综合考虑每一个样本数据对最终评价结果(综合评价值)的影响，从而减少了人为的误差，所得结论在理论上更符合被评对象的本质属性。综合评价值除用于评定被评对象的等级外，当有多个单位参加评价时，还可以根据它们的综合评价值进行排序选优。

第三节　航空公司危机管理

一、航空公司危机管理

危机管理是企业、政府部门或其他组织为应对各种危机情境所进行的规划决策、动态调整、化解处理及员工培训等活动过程，其目的在于消除或降低危机所带来的威胁和损失。通常可将危机管理分为两大部分：危机爆发前的预计，预防管理和危机爆发后的应急善后管理。危机管理是专门的管理科学，它是为了应对突发的危机事件，抗拒突发的灾难事变，尽量使损害降至最低点而事先建立的防范、处理体系和对应的措施。对一个企业而言，可以称为企业危机的事项是指企业面临的与社会大众或顾客有密切关系且后果严重的重大事故，而为了应付危机的出现而在企业内预先建立防范和处理这些重大事故的体制和措施，则称为企业的危机管理。

1. 航空危机管理

航空危机管理是指航空公司通过危机监测、危机预警、危机决策和危机处理，达到避免、减少危机产生的危害，总结危机发生、发展的规律，对危机处理科学化、系统化的一种新型管理体系。航空危机管理就是要在偶然性中发现必然性，在危机中发现有利因素，把握危机发生的规律性，掌握处理危机的方法与艺术，尽力避免危机所造成的危害和损失，并且能够缓解矛盾，变害为利，推动企业的健康发展。

航空公司要在竞争日益激烈的市场上占据一席之地，必须加强企业的危机意识，将危机管理贯穿企业经营，完善危机管理体系，提升企业的防范与应急应对危机能力。危机中不仅包含失败，同时也蕴含着成功，如何去识别危机、防范危机，从而解决危机，甚至将危机转换为机遇，是当前航空危机管理的重要研究方向。

2. 危机管理要素

（1）危机监测。

危机管理的首要一环是对危机进行监测，在企业顺利发展时期，企业就应该有强烈的危机意识和危机应变的心理准备，建立一套危机管理机制，对危机进行检测。企业越是风平浪静的时刻越应该重视危机监测，在平静的背后往往隐藏着危机。

（2）危机预警。

许多危机在爆发之前都会出现某些征兆，危机管理关注的不仅是危机爆发后各种危害的处理，而且要建立危机警戒线。企业在危机到来之前，把一些可以避免的危机消灭在萌芽之中，对于另一些不可避免的危机通过预警系统能够及时得到解决。这样，企业才能从容不迫地应对危机带来的挑战，把企业的损失减少到最低的程度。

（3）危机决策。

企业在调查的基础上制定正确的危机决策。决策要根据危机产生的来龙去脉，对几种可行方案进行比较优缺点后，选择出最佳方案。方案定位要准、推行要迅速。

（4）危机处理。

首先，航空公司确认危机。确认危机包括将危机归类、收集与危机相关信息、确认危机程度以及找出危机产生的原因，辨认危机影响的范围、程度及后果。第二，控制危机。控制危机需要根据确认的某种危机后，遏止危机的扩散使其不影响其他事物，紧急控制如同救火刻不容缓。第三，处理危机。在处理危机中，关键的是速度。航空公司能够及时、有效地将危机决策运用到实际中化解危机，可以避免危机给公司造成的损失。

二、航空公司危机公关处置

1. 航空应急危机公关处置原则

1）应急部门工作原则

（1）制定部门的应急计划；

（2）熟悉公司的应急处置程序、指挥程序；

（3）对本部门的工作人员按计划进行应急培训；

（4）工作人员应熟悉公司的应急处置规则、程序，熟悉本部门的应急处置职责；熟悉各自的应急处置职责；具有团队协作精神；

（5）统一听从应急反应中心的指令，按规定的时间、地点报到；

（6）遵守保密性原则；

（7）在应急处置过程中，首先要保护好自己。

2）应急处置要求

（1）所有的程序必须在手册中规定的时间内完成；

（2）应急处置中，指令程序优先标准程序；

（3）标准程序：本手册中规定的执行程序；

（4）指令程序：本手册中没有规定的内容，由应急反应中心发布指令采取的行动。

3）媒体交接原则

（1）由公司指定的新闻发言人对外界媒体发布消息。

在现场被采访或发表声明，应有礼貌地告诉他们请等待中国民用航空局的新闻发布会；努力保持公众的信心，使之相信公司是诚实和安全的航空公司；在事件没有结束前，始终要回答公司正在配合政府救援部门进行应急救援行动；不要对公司的合作伙伴或其他合作单位做任何批评或不利的评论。

（2）应急处置人员要遵守应急处置保密原则、公司纪律。

（3）媒体发布场所。媒体发布场地需有两个以上的通道可以进出，要有齐全的保卫措施，除公司的保卫人员外，可请当地警方协助做好保卫工作。

4）事故现场处置原则

（1）事故现场的应急救援行动要服从机场或地方政府应急机构的统一指挥；

（2）要第一时间将公司飞机的标志进行覆盖；

（3）将飞机的装载危险物品的情况及时通报现场应急指挥，以便消防部门进行更好的救援；

（4）不要移动事故现场的任何的部件，除非是为救助受伤人或人员被困，或有可能对人员有进一步的危害；

（5）配合、提醒应急部门对文件、部件的搜索；

（6）禁止救援现场使用闪光灯或电子设备，以防因燃油泄漏引起的火灾或爆炸造成进一步的人员伤亡。

5）保卫原则

（1）在当地应急救援部门的指挥下进行保卫配合工作；

（2）听从公司的指令对相关机构实施保卫工作；

（3）保卫部及时上报驻地民航监管局，协调当地公安机关、武警等单位开展安保工作。

2. 家属援助及旅客安抚

1）家属援助简述

为妥善应对航空器事故，以协助受影响人群（幸存旅客、旅客亲友、机组、地面伤亡人员及家属等），航空公司需建立一支受过专业训练的志愿者特别团队。这支团队致力于协助受影响人群，为他们带来关怀并尽可能满足其对信息及生活保障方面的需求。大多国内航空公司沿袭了《CCAR-399 民用航空器飞行事故应急反应和家属援助规定》的要求，将此团队命名为“家属援助团队”（Family Assistance Team）；有些国外公司，如美联航、加航等则命名为“特别援助团队”（Special Assistance Team）；而更多公司考虑到服务对象及服务内容的广度与专业度，赋予此团队一个温馨的名字“关怀团队”（Care Team），并称家属援助队员为“Care Giver”（关怀队员）。

2）家属援助法规

（1）国际关于家属援助法规。

1998 年 10 月，ICAO 第 32 届大会通过了第 A32-7 号决议，呼吁各缔约国重申它们支援民用航空事故遇难者及其家属的承诺，敦促各成员国制定家属援助计划法案。

2001 年，ICAO 发布了 Circ 285 号通告《关于援助航空器事故遇难者及其家属的指南》（ICAO Guidance on Assistance to Aircraft Accident Victims and their Families，Circ 285）。

2005 年，ICAO 在国际民用航空公约附件 9《简化手续》中纳入了规定，以便使航空器事故遇难者家属能够迅速进入事故发生所在国。

2013 年 3 月，ICAO 理事会批准了《国际民航组织关于援助航空器事故遇难者及其家属的政策》（Doc 9998 号文件）。

2013 年 10 月，ICAO 第 38 届大会通过了题为《对航空事故遇难者及其家属进行援助》的第 A38-1 号决议，取代了原来的 A32-7 号决议。

新的大会决议：要求各成员国重申其支持民用航空事故遇难者及其家属的承诺；敦促各成员国参考 Doc 9998 号文件中的政策建议，制定或修订家庭援助计划法案；敦促理事会进一步考虑制定关于各国制订家庭援助计划的标准和建议措施。

（2）国内家属援助法规。

自 2006 年 1 月 1 日起施行的民航局第 155 号令《民用航空器飞行事故应急反应和家属援助规定》（CCAR-399），在民航局立法权限范围内，以规章的形式弥补了我国《民用航空法》《安全生产法》没有关于家属援助具体规定或要求的不足。此外，国家还制定了《国家处置民用航空器飞行事故应急预案》，就组织、协调、指挥民用航空器飞行事故的应急处置做了规定。

第 155 号令的规定明确要求航空公司向局方提交家庭援助计划，内容包括：确保民用航空器飞行事故发生后能够迅速开通的电话号码并提交经过训练有能力处理来自旅客家属电话的人员名单；及时通知旅客家属的程序；及时向主管部门提供并更新机上人员信息的渠道；保证与旅客家属协商处理罹难者遗体、个人财物等事宜；保证对其职员和代理人的训练，以在必要时满足事故罹难者、幸存者、失踪者家属的需要；赔偿计划与程序，罹难者后事处理的程序与组织；保证为实施这一计划的足够资源。

在适用范围上，第 155 号令规定适用于发生在中华人民共和国领域内（不含香港特别行政区、澳门特别行政区和台湾地区）依照 CCAR-121 部和 CCAR-135 部进行商业运行的航空器发生的、依法由国务院民用航空主管部门组织调查的重大事故、国务院授权组织调查的特别重大民用航空器飞行事故。

三、案例分析

1. 案例背景概况

某国外 A 航空公司一架波音 737-200 型客机从哈瓦那飞往奥尔金（ETD11:00—ETA12:20），当日 12:05 在哈瓦那国际机场起飞后，倾角过大，失去对飞行姿态的控制，于 12:08 坠入位于机场附近市区以南 12 公里处的农田中。事发时机上机上共有 113 人，其中有 2 名机组成员，4 名乘务组成员，本次空难共造成 110 人死亡，3 人重伤。

截至事发四天后，新闻发布会上 A 航空公司仅确认了 15 名遇难旅客的身份。

2. 航班应急处置过程

1）危机公关处置

收到法新社（AFP）播发的快讯后立即启动应急信息收集机制，并预先标定三类信息源：

（1）事发航空公司官方网站、所属政府官网；

（2）BBC/CNN 等新闻媒体、AFP/REUTERS 等通讯社；

（3）推特、微博等社交媒体。

随后在此基础上开展以下信息收集工作：

法新社播发的第一条快讯称机上共载有 107 名旅客，CNN、BBC 等媒体随后采纳了此条信息并完成第一次信息发布。推特等境外社交平台上在事故发生后，关于事发航班的关联信息即迅速增长，主要体现为事故现场图片的传播扩散，但是对航班核心信息的文字描述则存在较多偏差，如“一架航空公司的航班”“一架老旧的飞机坠毁”等，社交平台上的舆情虽未出现直接指向涉事国家航空公司的负面评论，但主流话题已逐步转向 A 航空公司因受制裁而机队老旧、故障频发的运营现状。

01:53，CNN 更改信息称机上共载有 104 名旅客，并确认了事发航班所属航空公司、事发航班号、飞机机型、飞机湿租关系等关键要素。与此同时，BBC 发布信息确认飞机失事地点为机场附近的高速路上，并初步确认机上无人生还。02:10，法新社（AFP）发布了事故现场救援照片，并援引根据现场救援指挥官称事故共造成 110 人死亡，3 人重伤，其中 1 名伤员在送医过程中不治身亡。

02:30，国务委员会主席抵达事故救援现场，随后政府新闻发言人报道消息称，3 名幸存者均已送往医院救治，暂无更新死亡报告。

危机公关处置环节的缺失导致了如下三个后果：

（1）媒体报道信息失真，关于本次事故实际伤亡人数的报道前后发生三次变化，关于实际坠机地点的报道前后发生两次变化，关于事故飞机干湿租关系直至事发后 5 小时才由媒体发掘并确认，已对事故应急救援的外部环境建设、旅客家属心理援助工作造成了不利局面。

（2）BBC、CNN 等国际知名媒体、推特社交平台用户对于 A 航空公司及其所属的航空产业安全运营的能力产生严重质疑及不信任感。

（3）未抓住“湿租关系”舆情处置窗口，完全承担了飞机老旧、运营记录不佳的负面舆情。

2）家庭援助处置

A 航空公司在事发后立即启动了面向家属的紧急援助措施。主要工作包括：

（1）在事发地附近临时设立了家属安置场所；

（2）安排包机将航班原计划目的地奥尔金的旅客家属（已确认家属身份的）运送至哈瓦那；

（3）有序地并在保护家属隐私的环境下，引导家属进行遗体辨认；

（4）对于失事飞机上一个约 20 人的天主教牧师团队，邀请本地宗教团队协助处置。

（5）家属隐私的保护力度较大，确保了机组与旅客名单没有在家属信息通知程序结束前流出。

从 A 航空公司开展的家庭援助工作开展情况来看，基本满足了民航家庭援助处置的工作要求。

3）航空公司应急处置业务连续性

当航空器在空中发生紧急情况后，航空公司应当按照业务连续性管理计划将应急处置分为四个阶段：情况确认阶段、应急启动阶段、应急处置阶段、应急结束阶段，进行梳理后形成突发事件应急处置业务恢复责任矩阵（RACI），如表 8-8 所示。RACI 图的具体含义如下：

谁负责（R=Responsible），即负责执行任务的角色，他/她具体负责操控项目、解决问题。

谁批准（A=Accountable），即对任务负全责的角色，只有经他/她同意或签署之后，项目才能得以进行。

咨询谁（C=Consulted），拥有完成项目所需的信息或能力的人员。

通知谁（I =Informed），即拥有特权、应及时被通知结果的人员，却不必向他/她咨询、征求意见。

RACI 模型最常用的表达方式是 RACI 表格，它可以在责任划分中帮助我们确定每个人所对应的角色的责任。RACI 图只是 RAM 的一种类型，根据项目的具体内容，项目负责人可以使用各种词汇，如在航空公司中，使用领导、责任经理、所需资源这样的个人角色或对象，来分配项目责任。在一个由内部和外部共用构成的小组或集体中，RACI 图可以保证对角色和期望的明确划分。

表 8-8　突发事件应急处置业务恢复责任矩阵

RACI 图	分管应急的公司领导	业务连续性计划负责人	应急处置计划负责人
启动业务连续性计划	AR	A	I
执行业务连续性计划	C	R	AR
系统恢复	C	AR	R
RACI 图	分管应急的公司领导	业务连续性计划负责人	应急处置计划负责人
重要职能恢复	CR	R	R
非重要职能恢复	I	A	R
R=执行；A=负责；C=咨询；I=知情			

当该空难发生时，该公司没有建立相应的业务连续性管理体系，也没有按照业务连续性管理计划执行，而是在事发后约 3 小时后，在官网上发布了一条免费问询热线，但该问询热线仅能提供西班牙语家属电话问询服务，未提供英文家属电话问询服务。

事发后，A 航空公司官网始终未发布任何官方声明，未介绍事故细节信息，也没有接受媒体采访，且官网页面整体未进行哀悼灰化处理，色调鲜明。

3. 总结与启示

事故次日（5 月 19 日），该国交通部举行新闻发布会，公布了旅客国籍清单（非旅客名单）并详细介绍了本次事故相关信息：飞机干湿租关系、失事地点、伤亡人数、医疗进展，当前开展的救援工作等；由于大量旅客家属尚未建立联系致使遇难人员身份鉴别工作进展缓慢，交通部航空局指令 A 航空公司全力联系家属，始终开放供家属信息查询的热线并为已确定身份的外地旅客家属提供前往事发地机场的机票。交通部航空局在新闻发布会上同时宣布建立联合调查委员会，邀请波音公司、涉事国家民航局联合开展事故调查工作。

本次空难在发生后的极短时间内引起了法新社、美联社、CNN/BBC 等境外媒体的高度关注以及推特、微博等社交平台上持续而广泛的讨论。

当前，文化差异对舆情扩散的迟滞、阻隔效应已日趋减弱，作为一家全球化的航空公司，应尽快摈弃“国内航班处置与国际航班处置不同”“国内应急处置主要为官方主导”等思想观念，积极引入世界范围内认可的应急处置预案标准、培训标准、演练标准，在此基础上构建完善的、规范的、专业化的应急处置体系，从而实现确保公司应急处置机制启动及时、家庭援助开展有效、舆情始终可控的目的。

第九章
航空公司运行监察

近年来，飞机飞错航线、落错跑道、冲出跑道、超载运行等事故征候的频率仍在上升，目前航空公司仍存在一些运行安全管理漏洞以及运行监察体制不完善等问题，需要进一步完善安全监察策略，有效查找安全事故隐患，以保证民航运行的安全与效率，促进航空公司的运行安全管理水平的提高。

我国民航的运行控制水平、设施在得到快速发展的同时，运行监察却显得有些薄弱，尽管在各个地区都设立了运行监察办公室，但近年各类事故征候的频率仍在上升。因此完善我国民航运行监察体制是一项亟待解决的任务。

本章将分节对航空公司运行监察的定义、现状、主要内容、相关规章与运行监察学研究中部分常用到的评估模型和算法进行讨论。

第一节　航空公司运行监察概述

一、航空公司运行监察定义

航空公司运行监察是一个系统工程，包括运行合格审定和持续监督检查等。我国的运行监察机构成立的时间较短，还存在运行监察的法律规章体系、人员配置以及运行机制不完善，监察手段落后，航空公司等对运行监察重要性的认识不够等问题。

二、航空公司运行监察现状

1. 国内研究现状

当前，国内就航空公司运行监察方面的研究主要集中在微观方面，如技术设备、安全信息收集系统、人为因素等，另外有部分学者主张运用系统工程方法开展航空公司安全评估。针对航空公司 SMS 方面的研究主要集中在如何构建航空公司 SMS，缺少对 SMS 在航空公司运行安全监察中的作用和对航空公司 SMS 监察的研究。

（1）技术、设备、安全信息系统方面。

晁海涛对利用 QAR 和分析软件开展飞行运行品质监控进行了研究，分析了监控的内容和评估的标准，主张开展飞行运行品质监控要设计适当的保密措施，建立适当惩罚观念和良好的工作沟通机制，获得高层主管的支持，与飞行训练相配合[65]。刘军基于日常运行测量（ROM）的飞行品质管理方法，通过完整采集飞机日常运行航段数据来发现航班运行中隐藏的不安全因素。设计了 ROM 飞行品质管理的技术路线，提出了趋同性、标准值/偏差量、因参数/果参数、偏离度 6 项核心特征参数[66]。

（2）人为因素方面。

在我国，针对人为因素的研究主要在驾驶舱资源管理方面，中国民航飞行学院的罗晓利教授主要从事该方面的研究。驾驶舱资源管理是指有效地利用所有可用资源、硬件、软件和人员来达到安全和有效的飞行操作。硬件包括驾驶舱内自动驾驶仪和其他航空电子系统；软件包括各种操作程序、相关的手册、操作方法；人员包括驾驶舱内外的机组人员，这个外延还在扩大[67]。张智主要研究驾驶舱内的群体行为，强调机组协调与配合，内容涉及驾驶舱处境意识与注意力分散、驾驶交流、驾驶舱工作负荷和状态以及短期策略、驾驶舱内合理的管理方式以及领导艺术等。程方等将人为差错分为违规、失误两类，造成人为差错的原因有无知无畏心理、侥幸心理、懒惰心理、焦灼心理、厌倦心理等，可以通过措施减少差错、捕获差错、弱化差错来预防[68]。

（3）航空公司运行安全评估方面。

民航局航空安全技术中心对 2002—2019 年中国民航由机组原因引发

的多起事故及事故征候进行统计和原因分析，从人、机、环境和管理 4 个方面建立了飞行安全评价指标体系，并用模糊数学理论建立了飞行安全模糊综合评价模型，来开展飞行运行系统总体安全评价。南京航空航天大学的王华伟和左洪福两位研究人员针对航空公司安全评估数据的模糊性和不确定性，主张采用 D-S 证据融合方法确定权重，利用模糊多属性决策方法，对航空公司安全进行综合评估[69]。北京航空航天大学的王衍祥、曹义华两位研究人员采用灰色神经网络的方法，建立了中国民航运行风险的非线性模型。模型以风险监测指标作为输入，以评价民航安全的综合指数作为输出，编写了模型计算软件进行仿真计算[70]。

（4）安全管理体系。

国内针对航空公司安全管理体系方面的研究主要集中在如何认识、理解和构建航空公司 SMS 方面，缺少对安全管理体系在航空公司运行安全监察中的作用和对航空公司安全管理体系建设和实施进行监督监察的研究。

杨文峰研究了全面质量管理（Total Quality Management，TQM）和 SMS 的内涵与联系以及二者之间的差异与不足，对航空公司在 TQM 基础上建设 SMS 具有重要的实际意义[71]。张蕾从系统论的角度阐述了 SMS 的本质，帮助大家理解 SMS，并讨论了系统方法在 SMS 中的应用。王文俊、张向晖、白福利、曹海峰在《中国民航安全管理体系》一文中分析了安全管理体系提出的背景，安全管理体系的特征、组成，对如何构建航空公司安全管理体系提出了建议[72]。

2. 国外研究现状

（1）航空运输监控系统（ATOS）。隶属于美国交通部的 FAA（美国联邦航空局）是美国民航安全的监管部门，其使用的 ATOS 作为一种较为先进的监管方式值得我们借鉴[10]。

ATOS 可以理解为一种程序，其具有以下几方面特点：

① 利用系统安全原理。

② 制订风险识别和管理程序。

③ 使用新的自动化方式制订监察计划和分析收集的数据。

④ ATOS 要求以一个团队方式来领导监察。

其中 ATOS 成功发挥作用的关键是监察团队。

（2）航线运行安全检查（LOSA）方法。

LOSA（Line Operations Safety Audit）是国外最近 10 年发展起来的一种控制人为过失的方法。它可以协助航空公司发现安全隐患，确定飞机运营系统的优势和缺陷，同时，也能对机组的飞行技术和管理能力进行全面评估，从而提高整个系统安全的水平[11]。1999 年，国际民航组织（ICAO）正式承认并支持了这一方法，并把它作为预防人为过失的主要措施。

（3）航空安全报告系统（ASRS）。

美国运行着一个被称作航空安全报告系统（ASRS）的大型航空事件报告系统。航空安全报告系统的运行独立于联邦航空局（FAA），由国家航空航天局（NASA）管理。当认为航空安全受到威胁的时候，飞行员、空中交通管制员、客舱乘务组、航空器维修工程师、地面工作人员和其他航空运行相关人员都可提交报告[12]。

（4）英国航空公司安全信息系统（BASIS）。

英国航空公司安全信息系统（BASIS）是针对飞行机组的公司事故征候报告方案。这种基于个人电脑的方案已经成熟，并已成为收集和管理安全信息的准行业标准。这种系统目前在超过 100 家航空公司和航空组织中得到应用[13]。

（5）机组事故征候报告系统（ AIRS ）。

机组事故征候报告系统（ AIRS）是由空客公司开发的，用于帮助其客户建立自己的保密的报告系统。机组事故征候报告系统的重点是收集并了解所报告的事故征候涉及的系统问题以及行为方面的问题[14]。该系统分析部分的目的是回答某一事故征候“如何”和“为什么”会发生。特别是，机组事故征候报告系统旨在加深对潜在的促成事件发生的人的因素的了解。机组事故征候报告系统软件与英国航空公司安全信息系统兼容，便于对来自飞行运行和客舱运行中的标准数据进行储存。

三、航空公司运行监察的主要内容及相关法规手册

1. 主要内容

局方开展的航空公司运行安全监察主要针对以下几个方面：

（1）航空公司组织结构和组织管理的监察；

（2）运行控制监察；

（3）人员训练大纲监察；

（4）训练和资质记录监察；

（5）飞行和执勤时间记录监察；

（6）营运基地设施监察；

（7）应急演练监察；

（8）航路上客舱和驾驶舱监察；

（9）水上迫降演练监察等；

（10）航空公司安全管理体系的监察。

监察机构和人员将根据局方制订的年度检查计划，开展各项监察工作，具体内容如下：

（1）航空公司组织结构和组织管理的监察。

民航安全监察机构在安全监察过程中要确认上述组织因素是否在其运行手册或说明中得到明确清晰的说明，并确认这些书面政策在公司中是否得到充分理解和执行。监察人员必须确认公司各部门和个人的权利、特殊职责和责任得到明确划分。这些权利、职责和责任必须在承运人的运行和维修手册或该运营人的其他手册中得到明确划分，并传达下去。关键岗位人员的责任、义务必须得到清楚地理解和执行。监察人员必须确定运营人雇佣的工作人员数量、种类、资质都满足公司规模，并确认管理人员和员工有能力来完成他们的职责。

（2）运行控制监察。

局方评估运营人的运行控制能力及其有效性一般从以下几方面着手：

① 运营人必须建立和维持一套经批准的、行之有效的监控航班运行的方法。局方和承运人对航班运行监控负有责任，航班运行控制和监控

需要经批准的合格的航班签派员来执行，签派员在运控中心执勤，执勤期间负责执行运行手册中列出的运行控制程序和政策。运控中心必须有足够的签派员和相应的系统、设备和程序来完成航班运行控制任务。

② 运营人的运行手册中必须明确指出签派员的职责与任务。签派员的具体职责包括：协助飞行员做好飞行前准备和执行航班任务，编制运营和飞行计划，负责与空管、气象、通导人员沟通协调；为飞行期间的飞行员提供所有与飞行安全有关的信息；负责监控每一航班的运行，及时通知机组有关飞行计划变更，航班改航、延误、取消等信息。但机长对飞行安全负有最终责任。

（3）人员训练大纲监察。

运营人的人员训练大纲必须在运行手册或者训练手册中得到明确叙述，训练种类取决于运营人的规模，以及运营人机队规模和机型种类。监察员需要评估运营人的地面与空中训练大纲，运营人的培训人员、训练方法等。

（4）记录监察。

监察员检查确保运营人保有以下记录：

① 运行和飞行记录；

② 飞行时间和执勤时间记录；

③ 训练和资质记录。

（5）运营基地设施监察。

运营人开通每个机场航线必须接受检查，确保该机场有足够合格的组织和机构、设施来满足航班在该机场的运行。

（6）应急演练监察。

为确保运营人能够正确应对紧急情况，保证旅客安全。安全监察机构必须对运营人所有飞机的各种应急指示标志、机组相关培训、应急程序以及运营人开展的相关应急演练进行评估等。

（7）水上迫降演练监察。

为确保运营人的机组等能正确开展水上迫降，监察机构要检查机组人员资质，机组人员使用救生筏、滑梯等应急救生设备的能力和相关程序，以及机组人员的操作能力。

（8）局方对航空承运人 SMS 补充运行合格审定。

局方对航空承运人的 SMS 补充运行合格审定包括预先申请、正式申请、文件审查、演示验证、总结/批准运行规范 5 个阶段的审查，检查公司的 SMS 框架体系、管理机构、安全管理手册、人员职责要求等方面是否已具备 SMS 系统的基本功能，如果已具备，颁发运行规范。

① 文件审查。

局方对审定的航空公司的 SMS 相关手册、程序进行审定，提出整改意见，在演示验证阶段进行检查。

② 演示验证。

通过公司汇报、案例演示、人员访谈、考核、调查、检查单检查等方式对文件审定阶段提出问题的整改情况、公司 SMS 组织机构的设置及人员配置、公司安全促进工作开展情况、公司安全保证工作如何开展、公司风险管理工作如何开展进行现场检查。

2. 相关法规手册

（1）《中国民用航空监察员管理规定》（CCAR-18-R3）自 2014 年 2 月 17 日中国民用航空局局务会议通过，2014 年 7 月 1 日起施行，该规定主要内容为：

① 总则；

② 监察员的职责和权限；

③ 监察员的分类与分级；

④ 培训管理；

⑤ 监察员证的申请和颁发；

⑥ 监察员证的管理；

⑦ 法律责任；

⑧ 附则。

（2）为贯彻落实党的十九届四中全会精神，加强民航“三基建设”，进一步提升民航监管能力，推进民航治理能力现代化，中国民用航空局于 2019 年 12 月 26 日先后发布《中国民航监察员行政执法能力考评暂行办法》（〔2019〕87 号文件）与《关于进一步加强监察员资质能力建设的实施意见》(〔2019〕88号文件)，两个文件中指出：监察员是科学监管理念的践行者，是具体监管任务的实施者，监察员队伍素质的高低决定着行业监管质量。进一步加强监察员资质能力建设，是强化民航“三基”建设，激励监察员干事创业，提升行业监管水平的重要举措，对民航法治政府建设、行业治理能力现代化、行业安全可持续发展和民航强国目标的实现具有重要意义。

（3）2020年1月2日，民航局在京召开电视电话会议对两个文件进行宣贯，局方在会议中指出，两个政策文件对监察员资质能力建设、培训体系重构等方面进行改革调整，这是局党组对监察员资质能力建设的重要举措，也是对当前广大监察员普遍关心的热点问题的及时、有效回应。要深刻认识到监察员队伍是民航行业治理的主要力量，加强监察员资质能力建设是补短板、强弱项的重要举措。局方强调，要严格规范监察员资质能力建设与管理，进一步规范监察员资质能力标准，突出监察员的政治素质、法治思维和法治方式的能力、业务能力以及行业管理能力；进一步规范监察员资质能力培训，构建完善监察员培训大纲和课程体系；进一步规范监察员资质能力评价，构建科学规范的评价体系。

（4）2015年7月1日，中国民用航空局飞行标准司下发民用航空航务监察员手册，该手册为飞行标准（航务）监察员开展航空运营人运行合格审定及持续监督检查提供航务方面的政策与指南。而航务监察员与局方以及航空公司都有着密切的联系。

第二节　航空公司运行监察相关模型与算法

一、评估模型介绍

运行监察主要涉及航空公司各个运行环节的综合评估，各类决策评估模型均可在运行监察过程中予以运行。

1. 运筹学对策论相关概念

对策论（Game Theory）也称博弈论，既是现代数学的一个新分支，也是运筹学的一个重要学科。博弈论主要研究公式化了的激励结构间的相互作用，是研究具有斗争或竞争性质现象的数学理论和方法。博弈论考虑游戏中的个体的预测行为和实际行为，并研究它们的优化策略。生物学家使用博弈理论来理解和预测进化论的某些结果。

博弈论已经成为经济学的标准分析工具之一，在金融学、证券学、生物学、经济学、国际关系、计算机科学、政治学、军事战略和其他很多学科都有广泛的应用。

博弈的分类根据不同的基准也有不同的分类。一般认为，博弈主要可以分为合作博弈和非合作博弈。合作博弈和非合作博弈的区别在于相互发生作用的当事人之间有没有一个具有约束力的协议，即如果有，就是合作博弈，如果没有，就是非合作博弈。从行为的时间序列性，博弈论进一步分为静态博弈、动态博弈两类：静态博弈是指在博弈中，参与人同时选择或虽非同时选择但后行动者并不知道先行动者采取了什么具体行动；动态博弈是指在博弈中，参与人的行动有先后顺序，且后行动者能够观察到先行动者所选择的行动。通俗的理解："囚徒困境"就是同时决策的，属于静态博弈；而棋牌类游戏等决策或行动有先后次序的，属于动态博弈。

经济学家们所谈的博弈论一般是指非合作博弈，由于合作博弈论比非合作博弈论复杂，在理论上的成熟度远远不如非合作博弈论。非合作博弈又分为：完全信息静态博弈，完全信息动态博弈，不完全信息静态博弈，不完全信息动态博弈。与上述四种博弈相对应的均衡概念为：纳什均衡（Nash equilibrium），子博弈精炼纳什均衡（Subgame Perfect Nash Equilibrium），贝叶斯纳什均衡（Bayesian Nash Equilibrium），精炼贝叶斯均衡（Perfect Bayesian Equilibrium）。

博弈论还有很多分类，比如：以博弈进行的次数或者持续长短可以分为有限博弈和无限博弈；以表现形式也可以分为一般型（战略型）和展开型；以博弈的逻辑基础不同又可以分为传统博弈和演化博弈。

运筹学主要是关于主体对客体的效率方面，而博弈论主要是主体对主体之间的效率方面。通常意义上讲运筹学的研究范围更广一些。运筹学的具体内容包括：规划论（包括线性规划、非线性规划、整数规划和动态规划）、图论、决策论、对策论、排队论、存储论、可靠性理论等。其中的对策论就是指博弈论。最本质的区别在于运筹学解决单人决策，如典型的优化理论，而博弈论在于解决多人决策问题。博弈论与运筹学的区别主要是：博弈论研究的是对抗性决策，即不仅要考虑自己的效用，还要考虑别人的效用。而运筹学则只需考虑自己的效用。根据博弈人数可以将广义的博弈论分为单人博弈和多人博弈。而单人博弈就是普通的运筹学，多人博弈就是经典的博弈论。

2. 非合作博弈的相关概念

博弈论，英文为 Game Theory，是研究决策主体的行为发生直接相互作用时候的决策以及这种决策的均衡问题，也就是说，当一个主体，比如一个人或一个企业的选择会受其他人或的影响，而且反过来影响到其他人、其他企业选择时的抉择问题和均衡问题。1994 年的诺贝尔经济学奖授给了 3 位博弈专家：纳什（Nash）、泽尔腾（Seltsn）和海萨尼（Harsany）。说明博弈在弥补古典经济学假设的缺陷方面的贡献已被学者及经济学界所承认，博弈论的发展推进了经济学的发展，并在政治、经济、管理等各个领域也得到了广泛应用。

博弈论由 3 个基本要素组成：一是决策主体，即参与人；二是给定的信息结构，即参与人可选择的策略和行动空间，又叫策略集；三是效用，是可造也是所有参与人真正关心的东西，又称偏好。博弈论认为参与博弈的各博弈方都应该符合经济理性人的假设，即各博弈方在博弈过程中采取什么样的策略都是完全从自身利益最大化的角度出发，这样的假设非常符合航空运输管理中运输企业和进行安全监督管理的局方。

3. 航空监察博弈模型

1）前提假设

根据博弈模型构成的 3 个基本要素，在航空运行监察过程中可进行如下前提假设：

（1）理性人假设。理性人假设是经济学模型中较为经典的假设之一。将政府和航空公司主体看作是理性人，其目标就是追求自身效用的最大化。在模型中假设有一个追求社会福利最大化的政府和一个有自身收益函数的航空公司，政府作为社会福利的代表，对航空公司进行安全运行检查监督，该模型将政府和航空公司的关系抽象成监察与被监察关系，省去了政府内部的委托代理关系，政府被看作一个黑盒子（Blackbox），也就是政府的执行部门完全以社会福利最大化为行动准则。因此，模型中的局中人（Players）只有两个：一个为代表社会福利最大化的政府；另一个为实施航空安全运行，可能产生安全事故的航空公司。

（2）信息完全。信息完全包含两层含义：政府和航空公司主体对于什么样的行为将产生什么样的后果拥有完全信；双方对于对方的战略具有完全信息。

信息完全的假设非常重要，它将博弈双方置于精确而透明的环境下，这样可以得出真实有效的结论。

（3）政府加大监察是避免事故发生的主要措施。只要政府监察力度过硬，航空公司的运行手段和技术先进，航空公司实行安全运行，就能避免事故的发生。

2）博弈分析

设 V 表示企业采取严格的安全运行措施，给社会带来收益；v 表示航空公司采取安全运行措施，给公司带来收益；c 表示政府严格监察成本；c'表示航空公司采取安全运行措施成本；d 表示政府监察缺失导致损失；f 表示政府严格监察，航空公司不采取安全运行措施，对公司的惩罚。则根据相应的得益，可以得出相应的博弈矩阵。

在政府和企业的博弈模型中，增大对航空公司不采取安全运行措施的惩罚时，可以暂时避免航空公司的懒惰，采取安全运行措施。如果公司采取安全运行的成本较高的话，公司采取安全运行措施的概率也就越小，这就要政府在这方面给予支持。在航空公司安全运行问题上，政府必须严格监察，因为航空事故的后果一般相当严重，一旦事故发生将给社会、给政府造成极大的危害；另外加大对航空公司的惩罚力度，这样可以最大限度地减少飞行安全事故的发生。但是，从长期来看，政府加大严格监察力度是避免飞行事故发生的主要措施。当然在实际中，类似的博弈是重复进行的，针对不同的政策、不同的经济社会有不同的策略，但其方法都与此类似。

这里通过上述的政府和航空公司有关航空公司安全运行的博弈分析，提出以下几点建议：

（1）进一步完善我国航空运输安全运行立法。

（2）进一步完善管理体制，强化航空公司安全运行监察的执法力度。在全面了解事故隐患状况的基础上，重点查处引发事故概率高的航空公司。在确定重点隐患后，监管部门必须开出限期整改通知，并落到实处，即在最后期限，一方面强制消除安全隐患，另一方面对航空公司责任人提前给予处罚。

（3）注重对航空公司安全运行的量化评价，提出安全运行对策建议，从而为运行系统制订防范措施和管理决策提供科学依据。量化评价的目的是查找、分析和预测安全运行工作或系统存在的危险、有害因素和可能导致的危险及其程度，提出合理可行的安全运行对策措施，指导危险源监控和事故预防，以达到最低事故率、最少损失和最优的航空公司安全运行生产效益。

（4）加强对国有大型航空公司的安全运行监督监察力度。由于国有大型航空公司规模大，国家对其安全投入大，作为整个航空运输业的支柱，对整个国家航空运输业安全生产的影响也大，所以政府更应该加强对国有大型航空公司的监督监察力度，杜绝航空公司获得不安全运行的收益。

（5）政府监督监察是需要付出很大代价的，因此，为了改善企业安全运行监察投入状况，政府还应加强各种激励和引导措施，增强航空公司自身投入动力，以降低政府监察成本。

（6）进一步增强航空公司管理人员和职工的安全运行生产教育。人的素质决定着航空公司的安全运行，提高人的素质对安全运行尤为重要，必须不断强化对管理人员和职工的安全教育培训。民航局及其派出机构对航空公司的安全运行监察责在落实。先进的技术装备是保证安全运行的基础，但显然不能等同于安全本身。

总之，航空公司安全运行生产工作任重而道远，既面临着企业改革发展的新机遇，同时也面临着航空公司安全运行生产监察管理难度大的挑战。

二、航空公司运行监察算法

在航空公司运行监察环节中，各类决策评估方法都有其各自评估过程中的侧重点和特殊优势。

1. Dempster-Shafer 证据融合算法

证据理论是在 Dempste 提出“上、下概率”及其合成规则的基础上，由 Shafer 进一步扩展，Dempterp 在其专著《证据的数学理论》中建立的。设 A 是一个问题，其全部可能答案用集合 Θ 表示，令 $\Theta=\{\theta_1, \cdots, \theta_n\}$，其中有且仅有一个元素 θ^*是问题 A 的正确答案，假设决策者希望基于某些证据找到这个 θ^*，集合 Θ 成为问题 A 的识别框。

由于证据的不完备、不精确或者不完全可靠，决策者可能无法确定 θ^*，但基于一定证据在不同程度上确定 θ^*所处的范围却是可能的。基于此想法，Shafer 定义了基本概率分配函数，即 mass 函数。

能将不同评价结论实施合成是 DS 理论相较于其他评价方法最大的优势。在 mass 函数和信度函数的基础上，定义了 Dempster 规则：

$$m_{12}(A)=\frac{\sum\limits_{x\cap r} m_1(X)m_2(Y)}{1-K}, A\neq\phi \tag{9-1}$$

2. 可拓学方法

可拓学从新的角度为人们认识和分析现实世界、解决现实世界中的矛盾问题，提出了一种新的方法论。

（1）形式化、模型化特征：社会科学研究矛盾问题采用自然语言。为了使人们能够按照一定的程序推导出解决问题的策略，让计算机帮助人们生成解决矛盾问题的策略，可拓学采用形式化语言表达事、物、关系和问题，建立问题的可拓模型，表达量变和质变的过程以及临界状态，表达生成策略的过程和奇谋妙计，从而能描述解决矛盾问题的过程。它是用符号方式反映研究对象内在关系的模型，是一种抽象模型。

（2）可拓展、可收敛特征：在一定条件下，任何对象都是可拓展的，拓展出来的对象又是可收敛的，这是可拓学方法论的重要特征，它符合人类解决矛盾问题的“发散—收敛”的思维模式，称为菱形思维模式。多级菱形思维模式表达了“发散—收敛—再发散—再收敛”的过程。由于人们的创造性思维过程包括发散性思维和集中性思维，所以它将可以作为研究思维过程，特别是创造性思维过程的形式化工具。

（3）可转换、可传导特征：可拓学研究事物的质与量的可变性、“是”与“非”的可转化性，不仅研究直接变换和变换的形式化，而且研究变换的传导作用。用形式化、定量化的工具研究化不相容问题为相容问题的策略生成、化对立问题为共存问题的转换桥，以及传导矛盾问题求解的方法，是可拓学方法论的重要特征。

（4）整体性、综合性特征：可拓学用形式化模型从四个角度对事物的整体进行了共轭分析，研究全面认识事物的共轭分析方法，既体现了中国古代的系统观和整体论的思想，也结合了还原论的分析方法；基元概念体现了质与量的有机结合，利用全征基元又可从整体的角度分析事物；在可拓集合中，用关联函数值的变化表达了量变与质变的过程，而对论域的变换又体现了从整体的角度处理矛盾问题的思想。

3. 可拓学延伸方法

拓展分析方法在处理矛盾问题的过程中，要把事物看成可以拓展的。解决矛盾问题，就是要根据事物的可拓性，变换问题的目标或条件，使目标得以实现。为使解决矛盾问题的过程形式化，我们用基元作为描述物、事和关系的形式化工具，研究了表达事物拓展规律的拓展分析方法。该方法为人们提供了解决矛盾问题的各种可能路径，可以使人们摆脱习惯领域的束缚，更是利用计算机处理矛盾问题、提高机器智能的重要方法。

（1）共轭分析方法。

对物的结构的研究，有助于我们利用物的各个部分及各部分间的相互关系去解决矛盾问题。物具有物质性、系统性、动态性和对立性，统称为物的共轭性。根据物的共轭性，利用物元和关系元作为形式化工具，对物的虚部与实部、软部与硬部、潜部与显部、负部与正部进行的形式化定性分析方法，称为共轭分析方法。通过对物的各共轭部及其相互关系和相互转化的分析，可以得到解决矛盾问题的多种策略。共轭分析方法为人们全面分析物的结构提供了新的视角，也是某些解决矛盾问题的奇谋妙计的源泉。共轭分析方法立足于整体论与还原论相结合的思想。

（2）可拓变换方法。

使矛盾问题转化的工具是变换。变换包括直接变换和间接变换。不少解决矛盾问题的策略是通过对与问题的目标或条件相关的事、物或关系的变换产生的。因此，在解决矛盾问题的方法中，既要研究直接的变换，也要研究间接的传导变换；既要研究数量的变换，也要研究特征的变换和对象本身的变换。

在对变换的研究中，既要讨论其变换的形式，也要讨论变换的主体、变换的方法、工具、时间和地点，即需要从定性和定量两个角度去研究变换的形式和内涵。基于研究对象间的相关性，还必须研究传导变换的形式、内涵和传导效应。我们把可拓学中采用的变换统称为可拓变换。

从变换的方式考虑，可拓变换方法包括基本可拓变换方法、变换的运算方法、变换的复合方法和传导变换方法。从变换的对象考虑，可拓变换方法包括论域的变换方法、关联准则的变换方法和论域中的元素的变换方法，包括基元素的变换。如果变换的对象是物，根据物的共轭分析，可拓变换方法还包括共轭部的变换和共轭部的传导变换。

对可拓变换方法的研究，结合建立关联函数的方法，为把解决矛盾问题的过程形式化、定量化提供了可操作的工具。

（3）可拓集方法。

为了解决矛盾问题，必须建立能表达在某种变换下事物性质的量变和质变的计算公式。在可拓学中，建立了描述距离的新概念“距”和“侧距”，以突破经典数学中区间内的点与区间之距离均为零的规定。以此为基础建立的关联函数，就可以定量地描述“类内也有异”的客观现实，进而描述量变和质变的过程。

可拓集方法是从动态的、转化的角度对研究对象进行分类、识别和聚类等的方法。可拓集合是以可拓变换和关联函数为基础的集合。针对不同的可拓变换，可拓集有不同的可拓域和稳定域，从而有不同的分类、聚类和识别形式，它形式化和定量化地揭示了矛盾问题的转化过程和转化结果，使分类、聚类和识别等具有动态性和可转化性，更符合人类思维模式和实际情况。

（4）优度评价方法。

优度评价方法是综合多种衡量条件对某一对象、方案、策略等的优劣程度进行综合评价的实用方法。关于一个对象的评价往往不能只考虑有利的一面，还要考虑不利的一面。例如某企业生产某产品，虽然可以盈利很多，但废气对环境的污染十分严重，另一个产品虽然盈利没那么多，但无公害。对应该生产何种产品，必须考虑利弊双方，进行综合评价，最后才能得到合适的筛选方案。此外，在评价时，往往要考虑到动态性和可变性，对潜在的利弊进行考虑。优度评价方法恰恰具备了这方面的优点，它用关联函数来计算各衡量条件符合要求的程度。由于关联函数的值可正可负，因此这样建立的优度可以反映一个对象利弊的程度，使得评价更符合实际。

三、航空公司运行实际案例

1. 座舱失压

1）案例描述

7 月 10 日，某航空公司 B737-800 执行香港—大连航班。右座副驾驶主操纵。起飞约 20 分钟后，即将爬升至 10700 米时，右座副驾驶邀请机长吸电子烟，机长拒绝。为防止烟味扩散至客舱，副驾驶在机组和其他成员未发觉的情况下，准备关闭客舱再循环风扇，但错误关闭了两个相邻的空调组件开关，导致没有引气维持客舱增压。随后不久，出现座舱高度警告，机组误以为自动增压系统出现故障，所以人工关闭外流活门，但是座舱警告一直持续，随即向管制部门申请紧急下降，并释放旅客氧气面罩。在下降过程中，机组宣布紧急状态“Mayday”，进入最高级别，所有准备都执行最高级别。这个过程中又与一架外航飞机发生冲突，触发 RA 警告，最小水平间隔 6 千米，高度差约为 100 米，两机均按防撞系统指令做出了避让动作。管制员共指挥 4 架飞机避让，并通报空军。当飞机下降到 30000 米之后，乘务长报告旅客全部使用了氧气面罩，并告知客舱温度较高。机组这时才发现空调组件处于关闭状态，并立即接通。此时，座舱高度警告消除，机组认为增压可控，又宣布了紧急状态取消。这种情况下可以接受的是个人知识上的盲点或者失误都可能造成错误；无法接受的是在不适航、氧气面罩完全使用完毕的情况下，又申请上升高度至 7500～8100 米，继续飞往大连，达 2 小时 37 分钟，最后于大连落地。

2）案例分析

（1）安全作风不到位。

副驾驶在驾驶舱内吸烟并试图关闭再循环风扇，操作动作未通知机长做交叉检查。这些做法都严重违反了规章要求，安全作风不到位。

（2）理论培训不到位。

这次事件，相当于两个严重事故征候：一个是座舱失压；另一个是机组后续决定继续飞往大连的错误处置，都是人为责任。12 分钟的供氧没了，再爬升高度，由此造成的危害可能很大。涡轮发动机飞机按照保障生命的补充供氧要求，对于座舱气压高度 1500 英尺（1 英尺=0.3048 米）以上的飞行，在此高度上整个飞行时间内为机上每一旅客提供足够的氧气。

（3）运行签派形同虚设。

当日值班签派 A 席位和 B 席位签派员通过系统监控该航班，均未发现高度紧急下降以及后续高度严重不符的情况，不能满足民航局《航空承运人航空器追踪监控实施指南》咨询通告中相关要求，对飞行轨迹垂直剖面异常变化监控能力不足。而且，运控部门和相应岗位的签派员与机组一样，机长在长达 2 小时 37 分的飞行过程中，没有依规做出适当的决策。总的来看，签派员在情景意识、沟通、决策等方面都存在问题。首先是情景意识，未能及时发现航班紧急下降；其次是沟通，签派员与机组的沟通不畅，未能发现问题；最后在前面两个方面都没有做好的情况下，就谈不上依规做出合理的决策，更别说解决问题。

2. 未携带有效航行资料事件

1）案例描述

2016 年 5 月 25 日，某公司执行杭州—长沙—成都航班，飞机于 22:00 在长沙黄花机场落地，后续航班计划从长沙机场起飞时间为 2:05，计划落地成都机场时间为次日 0:45。监察员在该航班长沙过站停机坪监察中发现，该航班机组没有携带后续航班目的地机场和备降机场次日即将生效的 ZUUU-1A“成都区域图”，以及同期生效的 ZUGY-5C/5D“贵阳/龙洞堡机场仪表进近图”。

2）案例分析

（1）发生原因。

航行情报员未落实跨零点航班航行资料更新程序；公司跨零点航班航行资料更新程序与规章要求存在不符。

（2）违反规章。

CCAR-121 部第 121.549 条，飞行装具：机长应当保证在每次飞行中，飞机上带有合适的航空图表资料，其中应当包含有关导航设施和仪表进近程序的足够信息。

（3）行政处罚。

处以警告并责令改正

（4）处罚依据。

CCAR-121 部 Y 章罚则第 121.763 条“合格证持有人违反本规则 T 章（飞行运作）的规定，未能对飞机上的人员、货物和设备等进行有效管理，对运行安全造成威胁的，局方可以责令其停止违法行为，并处以警告或者人民币 1 万元以上 3 万元以下罚款”。

参考文献

[1] STOLIDER AJ, HALFORD CD, GOGLIA JJ. 民航安全管理体系[M]. 北京：中国民航出版社，2013.

[2] 李奎. 航空安全管理[M]. 北京：航空工业出版社，2011.

[3] 王世锦.《民航安全管理》课程教学改革研究[J]. 教育教学论坛，2015（05）：272-273.

[4] 熊升华，李海.《民航安全管理》课程教学模式改革与探索[J]. 教育现代化，2019，6（44）：45-46+64.

[5] 孙佳，高洪江. 我国民航安全管理体系建设与实施分析[J]. 中国铁路，2012（04）：10-14

[6] 胡临春. 民航安全管理体系建设中存在的问题及其对策[J]. 航空安全，2009（03）.

[7] 赵鹏，宋存义. 我国民航实施安全管理体系（SMS）的思考[J]. 中国安全生产科学技术，2007，3（01）：99-101.

[8] 曹慧明. 通用航空 SMS 建设研究及航空安全管理信息系统开发[D]. 成都：电子科技大学，2010.

[9] 杨昌其，阎建中. 空管安全管理体系之框架搭建[J]. 中国民航飞行学院学报，2011（01）：28-30.

[10] 李红丽. 我国民航业安全管理体系（SMS）的建设与应用研究——以山东航空公司为例[D]. 济南：山东大学，2010.

[11] 乔磊. 大连飞机维修厂建立新安全管理体系的研究[D]. 大连：大连理工大学，2009.

[12] 蒲天佐. D 航空公司运行控制体系的安全管理研究[D]. 南昌：南昌大学，2019.

[13] 史记法，陈俊．从人为因素到安全管理体系[J]．中国民航飞行学院学报，2009，20（05）：25-27+31.

[14] 刘俊杰．航空安全自愿报告系统运行与思考[J]．中国民航大学学报，2009，27（04）：14-17.

[15] BROOKE PJ, PAIGE RF. Fault trees for security system design and analysis[J]. Computers&Security, 2003, 22（3）：256-264.

[16] 陈晔，陈萌，徐海燕，等．基于 FCML 航班风险评估与改进[J]．工业工程，2017，20（03）：1-8+27.

[17] 谢华，朱学华，刘继新，等．基于中介真值程度度量的航班起飞风险评估方法[J]．交通运输工程与信息学报，2018，16（01）：106-114.

[18] 李鹏程．基于运行监控数据分析的航班风险控制研究[D]．广汉：中国民用航空飞行学院，2020.

[19] 李大利．航空公司签派放行风险评估研究[D]．广汉：中国民用航空飞行学院，2015.

[20] 张炳祥．航空公司运行管理[M]．北京：中国民航出版社，2012.

[21] 罗凤娥．航空公司运行控制[M]．成都：西南交通大学出版社，2016.

[22] 术守喜，马文来．人为因素与机组资源管理[M]．北京：北京航空航天大学出版社，2015.

[23] 李学仁，杜军，罗敏．国际航空人为因素研究现状[M]．北京：国防工业出版社，2013.

[24] 苗俊霞，周为民．民用航空安全与管理[M]．北京：清华大学出版社，2015.

[25] JOHN SJ．公务航空运营与管理[M]．北京：航空工业出版社，2006.

[26] 陈高原．航空安全管理中人为因素的重要性[J]．科技风，2018（14）：232.

[27] 杨鑫．航空安全中人为因素的管理分析[J]．科技资讯，2015，13（13）：153.

[28] 霍志勤．航空安全中人的因素刍论[J]．中国民用航空，2008（02）：33-35.

[29] 曹海峰．民用航空器事故中的人为因素分析[J]．中国民用航空，2008（02）：41-43.

[30] 丁蓉. 人为因素在网络安全管理中的作用[J]. 空中交通管理，2004（05）：56-58

[31] 俞力玲. 中国民航飞行品质监控回顾与展望[J]. 中国民用航空，2012（08）：51-53.

[32] 戴伦. 民航飞行品质监控及预警管理解析[J]. 军民两用技术与产品，2017（14）：1-1.

[33] 崔晓阳. 基于超限事件的飞行品质监控方法研究[D]. 天津：中国民航大学，2013.

[34] 杨榛，顾幸生. 智能故障诊断技术及应用的研究[J]. 贵州大学学报（自然科学版），2007（02）：161-165.

[35] 金观涛，华国凡，金观涛. 控制论和科学方法论[M]. 北京：科学普及出版社，1983.

[36] DEKKERM, LIESHOUTR, ROBINB, et al. A Next Step in Disruption Management: Combining Operations Research and Complexity Science: No. EI2018-25[EB/OL].（2019-9-23）. http://hdl.handle.net/1765/109054.

[37] 杜栋. 管理控制——基础、理论与应用[M]. 北京：清华大学出版社，2019：21-24.

[38] 侯光明. 组织系统科学概论[M]. 北京：科学出版社，2006.

[39] 罗凤娥，陈正伟，陈千红. 基于非正常航班恢复策略下的航空公司[J]. 现代商贸工业，2019（08）：42.

[40] 吴题. 恶劣天气下航空公司运行品质分析研究[J]. 科技视界，2020（09）：228-229.

[41] 2018年全国机场生产统计公报[R]. 中国民用航空局，2019（05）.

[42] 李明星. 航空公司运行品质评价研究[D]. 广汉：中国民用航空飞行学院，2015.

[43] 王成武. 航空公司安全管理体系面临的风险问题及控制研究[J]. 现代营销（下旬刊），2017（12）：42.

[44] 罗凤娥，李珊，千富荣，等. 基于飞行签派员的航空公司运行效率提升研究[J]. 航空工程进展，2020，11（1）：132-133.

[45] 刘继新，王璟烨. 航空公司运行控制签派放行中的人为差错分析[J].

江苏航空，2010（01）：26-28.

[46] 赵宁宁，赵宇婷. 航空公司运行控制中心保障能力评估模型研究[J]. 数学的实践与认识，2016，46（03）：36-42.

[47] 李柯，张胜. 航空公司预警管理系统研究与设计[J]. 武汉理工大学学报（信息与管理工程版），2006（09）：22-25.

[48] 庄夏，魏中许，贺元骅. 基于 Web 的民航空防安全威胁预警系统研制[J]. 中国民航飞行学院学报，2013（01）：8-11.

[49] 姚光明，曹悦琪. 基于大数据的空中交通管制运行安全预警研究[J]. 航空工程进展，2016（11）：452-457.

[50] 霍志勤，罗帆. 空中交通安全预警管理研究[J]. 中国安全科学学报，2006（03）：60-64.

[51] 张辉. 关于商业银行业务连续性管理（BCM）架构体系的研究[D]. 合肥：中国科学院大学，2014.

[52] 郑子瑜. 基于业务连续性的企业信息系统风险管理[D]. 厦门：华侨大学，2013.

[53] 王喆. 保险公司业务连续性管理体系研究及应用[D]. 合肥：中国科学院大学，2017.

[54] 姜琪，李亚龙，张洁，等. 基于业务连续性管理的应急管理体系建设研究[J]. 电脑知识与技术，2019，15（23）：42-45.

[55] 靖鲲鹏，宋之杰. 风险管理的新方法——业务持续管理[J]. 燕山大学学报（哲学社会科学版），2013，14（01）：92-99.

[56] 郝向阳. 航空公司突发事件应对方案研究[D]. 西安：西安电子科技大学，2017.

[57] 田贵平. 物流经济学[M]. 北京：机械工业出版社，2007.

[58] 谢棋君，林志聪，赵菁怡. 突发公共安全事件中政府形象管理研究[J]. 牡丹江教育学院学报，2017（Z1）：67-69.

[59] 郑琳琳. 浅析公共危机管理与新闻媒体的互动及运用[J]. 农村经济与科技，2016，27（24）：165.

[60] 张齐. 我国民用航空突发性安全事件危机管理研究[D]. 大连：东北财经大学，2018.

[61] 张小明. 公共部门危机管理[M]. 北京：中国人民大学出版社，2017.
[62] 李佳. 我国民航突发事件空管应急处置研究[D]. 云南大学，2016.
[63] 张齐. 我国民用航空突发性安全事件危机管理研究[D]. 大连：东北财经大学，2018.
[64] 郭爽. 航空公司突发事件应急协同决策方法研究[D]. 广汉：中国民用航空飞行学院，2016.
[65] 晁海涛. 飞行品质监控系统运行探索[J]. 科技资讯，2009（33）：197.
[66] 刘军. 基于 ROM 日常运行测量的飞行品质分析与应用研究[J]. 中国民航飞行学报，2019，3（03）：95-98.
[67] 罗晓利. CRM 训练方案设计的构成要素[J]. 中国民航飞行学院学报，2000（04）：35-38.
[68] 张智. 驾驶舱资源管理：安全飞行的保障[J]. 中国民用航空，2005（04）：60.
[69] 王华伟，左洪福. 航空公司安全评估研究[J]. 系统工程，2006（02）：46-51.
[70] 王衍洋，曹义华. 航空运行风险的灰色神经网络模型[J]. 航空动力学报，2010，25（05）：1036-1042.
[71] 杨文锋. TQM 与 SMS 的内涵与联系[J]. 中国民用航空，2011（06）：67-69.
[72] 王文俊，张向晖，白福利，等. 中国民航安全管理体系研究[J]. 交通企业管理，2009，24（11）：58-59.
[73] 杨琳. LOSA——航空安全管理的新方法[J]. 中国民用航空，2003（03）：59-61.
[74] Order 8300. 10, Airworthiness Inspector's Handbook[S]. Washington：FSIMS, 2006.
[75] Order 8400. 10, Air Transportation Operations Inspector's Handbook[S]. Washington: FSIMS, 2006.
[76] ZECKHAUSER RJ, KEENEY RL, SEBENIUS JK. Wise choices: decisions, games and negotiations[M]. Boston: Harvard Business School Press, 1996: 478.